中国語 Hop・Step・Jump

〜三段方式で学習する初級中国語〜

宮本大輔／温　琳

KINSEIDO

まえがき

　你好！これから中国語を学び始める学生の皆さん、こんにちは！

　皆さんは中国語についてどれくらい知っていますか？日頃、私たちは、一口に「中国語」と言っていますね。でも、実は中国には 80 もの言語があるということをご存知でしょうか。私たちがこれから学ぶのは、その中の「漢語」——つまり、漢民族が話す言葉です。中国には漢民族を合わせ、56 の民族が暮らしており、人口比が最も大きい漢民族の言葉（中でも中国北方で使われているもの）が、共通語として使われています。ですから、この「漢語」を習得すれば、中国や台湾、その他世界各国に暮らす華僑ともコミュニケーションを取ることができるようになります。

　ただ、母語以外の言葉を用いて、コミュニケーションを取るというのは、容易なことではありません。幼少期から慣れ親しみ、自然に話せるようになった母語と違い、発音、文法、語彙、聞き取り等を全て一から学ばなければいけないわけですから、簡単なはずがないのです。ですが、だからといって恐れることはありません。本書に沿って、基礎から一歩一歩学んでいけば、必ず道は開かれます。

　本書では、音声ファイル（MP3 形式）をダウンロードすることができるようになっています。次頁の URL（スマートフォンからもアクセス可能）にアクセスし、必ずダウンロードするようにしてください。それをご自身のパソコン、スマートフォン、音楽プレーヤー等に保存すれば、いつでもどこでも中国語を聞くことができます。

　著者は、職業柄、よく中国語をマスターするコツを尋ねられます。ですが、正直な話、外国語習得ほど、自らの努力に左右されるものはありません。上手くなりたければ、単語や文法を覚えたうえで、たくさん聞き、たくさん話すしかないのです。本書や担当の先生はその手助けをすることはできますが、上手くなれるかどうかは、皆さんの努力次第です。

　"不怕慢，只怕站！"立ち止まらず、一歩一歩前に進めば、道は必ず開かれます！共に楽しく中国語を学びましょう！

本 書 の 構 成

　本書は、全15課からなる、初級者向けテキストです。第1課～第5課を発音編、第6課～第15課を本編としています。発音編では、口形図を多用し、日本人学習者には比較的難易度の高い音節を発音する際の口の中の状況が理解しやすいようにしました。また、本編では、文法解説→練習→本文→練習という順番にしたことにより、初級者が無理なく、会話文に入れるように工夫されています。

　本編における各課の構成は以下の通りです。

文　　法：各課の文法項目です。1課につき4項目あげてあります。初級者に必要だと思われるものを厳選しました。

練習問題：文法知識が定着しているかどうかを確認するための練習問題です。大問は4つで、前半が筆記問題（並べ替え、日文中訳）、後半がリスニング問題（語句の聞き取り、全文の聞き取り）となっています。

本　　文：日本人男性と中国人女性の会話調のものにしました。各課8行となっています。音声は速いものと遅いものを用意しました。是非、ディクテーションやシャドーイング等にご活用ください。

実践練習：各課で学んだ文法項目や本文をもとに、中国語を話せるようになるための練習問題です。大問は3つで、単語の組み合わせ、同級生や先生との会話、モノローグの暗唱といった内容になっています。

謝　　辞

　最後になりますが、本書を執筆するに当たり、金星堂の川井義大氏には大変なご尽力を賜りました。この場を借りて、厚く御礼申し上げます。

🎧 音声ファイル無料ダウンロード

http://www.kinsei-do.co.jp/download/0700

この教科書で 🎧 DL 00 の表示がある箇所の音声は、上記URLまたはQRコードにて無料でダウンロードできます。自習用音声としてご活用ください。

▶ PCからのダウンロードをお勧めします。スマートフォンなどでダウンロードされる場合は、ダウンロード前に「解凍アプリ」をインストールしてください。
▶ URLは、**検索ボックスではなくアドレスバー（URL表示覧）**に入力してください。
▶ お使いのネットワーク環境によっては、ダウンロードできない場合があります。

💿 CD 00　　左記の表示がある箇所の音声は、**教師用CD**に収録されています。

本書の使い方

1 この課で扱う文法事項を学習します。一つ一つ中国語のしくみを覚えていきましょう。

ドリル 学習した文法事項を理解しているか、確認するドリルです。解説や例文を見ながらチェックしていきましょう。

1 単語を並び替える問題です。学習した文法事項の語順を理解しているか確認しましょう。

2 日本語から中国語に訳す問題です。学習した文法事項が定着しているか確認しましょう。

3 括弧内の単語を聞き取る問題です。センテンスの中で重要な単語が聞き取れるか確認しましょう。

4 センテンスを聞き取る問題です。文字数をヒントにして、重要なセンテンスを聞き取れるか確認しましょう。

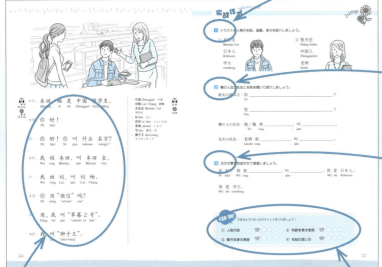

1. イラストを説明する問題です。この課で学習した内容を使って表現してみましょう。

2. クラスメートや先生と中国語で会話する問題です。色々な人と情報交換し合ってみましょう。

3. 空欄に単語を入れて文章を完成させる問題です。どういった単語が入るのか考えて自分なりの文章を作ってみましょう。

この課で学習した文法を使ったモデル会話です。実際にどのように使われるか確認し、声に出して練習しましょう。

この課で学習した内容を自己チェックするコーナーです。三段階で出来栄えを評価しましょう。

目　次

第 1 課　声調と単母音 …………………………………………… 08
声調　単母音

第 2 課　子音 ……………………………………………………… 10
子音

第 3 課　複母音 …………………………………………………… 12
複母音

第 4 課　鼻母音 …………………………………………………… 14
鼻母音

第 5 課　発音上のルール ………………………………………… 16
軽声、第３声の変調、"不"の変調、"一"の変調、"儿"化音
数の数え方、声調の組み合わせ練習、教室用語、日常用語

第 6 課　自己紹介 ………………………………………………… 20
人称代詞、判断文、動詞述語文、名前の言い方

第 7 課　星座 ……………………………………………………… 26
星座と年齢、月日と曜日、指示代詞、連体修飾語"的"

第 8 課　家族構成 ………………………………………………… 32
動詞"有"、量詞、家族の人数と構成、形容詞述語文

第 **9** 課　通学 ……………………………………………………………………… 38
　　　　動詞"在"、介詞"离"、連動文、疑問詞

第 **10** 課　アルバイト ……………………………………………………………… 44
　　　　介詞"在"、数量補語、介詞"比"、時間詞

第 **11** 課　ファッション …………………………………………………………… 50
　　　　動態助詞"了"、"是……的"構文、副詞"在"、動詞の重ね型

第 **12** 課　約束 ……………………………………………………………………… 56
　　　　時刻、助動詞"要"・"想"、動態助詞"过"、助動詞"会"

第 **13** 課　空港 ……………………………………………………………………… 62
　　　　助動詞"能"、選択疑問文"还是"、空港のチェックインで使われる表現、
　　　　機内で使われる表現

第 **14** 課　銀行 ……………………………………………………………………… 68
　　　　"動詞＋一下"、結果補語1"動詞＋好"、介詞"给"、銀行でよく使われる表現

第 **15** 課　ホテル …………………………………………………………………… 74
　　　　結果補語2"動詞＋完"、助動詞"可以"、介詞"从"、
　　　　ホテルでよく使われる表現

各課新出単語一覧 …………………………………………………………………… 80
索引 …………………………………………………………………………………… 86
補充単語 ……………………………………………………………………………… 91

第 1 課　声調と単母音

　標準中国語には、子音が21個、母音が7つ、そして声調が4つあり、一つの音は次の形で表される。

声母（子音）	声調		
	韻母（母音）		
	介音	主母音	尾音
m	i	a	o

1　声調

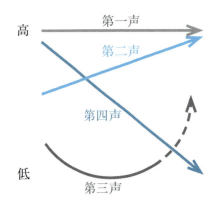

第一声：高く平らな音

第二声：ぐっと上げる音

第三声：低く抑える音

第四声：すとんと下げる音

ドリル1　次の音を発音してみましょう。

(1) ā á ǎ à　　　　(2) à ǎ á ā

(3) ǎ à ǎ ā　　　　(4) ā ǎ à á

ドリル2　(　) 内に発音された声調を書き入れてみましょう。

(1) (　)a　　　　(2) (　)a

(3) (　)a　　　　(4) (　)a

2 単母音

	a	o	e	i	u	ü	er
子音無し				(yi)	(wu)	(yu)	

【特に注意が必要な母音】

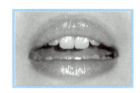

e：口を軽く左右に引いて口角を上げた状態で構えを作る。舌は自然に下げ、少し引いておく。「え」と「お」の中間くらいの音を意識すると良い。

ü：口は丸くし、少し前に突き出すように構える。舌は「い」を発音する時のように上あごに少し近づける。そして、唇の形が変わらないよう注意しながら発音する。「ゆ」と「い」の中間くらいの音を意識すると良い。

ドリル1 次の音を発音してみましょう。

(1) ā　ō　ē　　　　(2) yī　wū　yū　ēr
(3) á　ǒ　ē　　　　(4) yí　wù　yū　ěr

ドリル2 発音された音に○をしましょう。

(1) ǎ　ēr　ó　　　　(2) yū　yí　wú
(3) èr　à　é　　　　(4) ē　ò　ā

第 2 課　子音

標準中国語には 21 の子音がある。

無気音：息をそっと吐き出す。　　　　　有気音：息を勢いよく吐き出す。

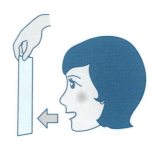

	無気音	有気音		
唇音	b (o)	p (o)	m (o)	f (o)
舌先音	d (e)	t (e)	n (e)	l (e)
舌根音	g (e)	k (e)		h (e)
舌面音	j (i)	q (i)		x (i)
そり舌音	zh (i)	ch (i)	sh (i)	r (i)
舌歯音	z (i)	c (i)		s (i)

ドリル　発音された音に○をしましょう。

(1) pō　bō　fō　　　　(2) dé　té　né
(3) zhì　chí　rì　　　　(4) jǐ　zí　zhǐ

【特に注意が必要な子音】

舌根音（g, k, h）：舌の喉側の表面を上あごにつけて（h は近づけて）発音する

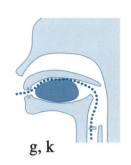

g, k

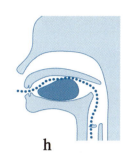

h

 ドリル 次のピンインを発音してみましょう。

(1) gé　ké　hē　　　　(2) hé　kè　gě

(3) gǔ　kù　hā　　　　(4) hú　kǎ　gū

そり舌音（zh, ch, sh, r）：舌先から脇舌までを上あごにつけて（sh と r は舌先を近づけて）発音する

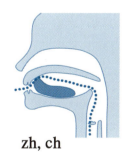

zh, ch

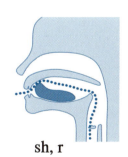

sh, r

 ドリル 次のピンインを発音してみましょう。

(1) zhī　chí　shǐ　rì　　　(2) rú　shù　zhě　chē

(3) chá　zhà　rě　shē　　　(4) rì　shá　zhǔ　chù

第3課　複母音

1 前側の母音を強く発音する複母音

| ai | ei | ao | ou |

ドリル1 次の音を発音してみましょう。

(1) āi　éi　ǎo　òu　　(2) ōu　áo　ěi　ài

(3) ēi　óu　ǎi　ào　　(4) āo　ái　ǒu　èi

ドリル2 発音された音に○をしましょう。

(1) gěi　kāi　děi　　(2) tài　dǒu　pài

(3) zhǎo　rǎo　lòu　　(4) zōu　sōu　shóu

2 後側の母音を強く発音する複母音

	ia	ie	ua	uo	üe
子音無し	(ya)	(ye)	(wa)	(wo)	(yue)

ドリル1 次の音を発音してみましょう。

(1) yā　yé　wǎ　wò　yuē　　(2) yuè　wō　wá　yě　yà

(3) wǒ　wā　yá　yuè　yè　　(4) wà　yuē　yē　yǎ　wō

ドリル2 発音された音に○をしましょう。

(1) jiā　qiā　què　　(2) duó　tuó　guǎ

(3) piě　miè　bié　　(4) huā　guā　kuò

3 真ん中の母音を強く発音する複母音

	iao	iou	uai	uei
子音無し	(yao)	(you)	(wai)	(wei)
子音有り		(-iu)		(-ui)

ドリル1 次の音を発音してみましょう。

(1) yāo　yóu　wǎi　wèi　　(2) wèi　wái　yǒu　yào

(3) yōu　yáo　wěi　wài　　(4) wāi　wéi　yāo　yōu

ドリル2 発音された音に○をしましょう。

(1) biǎo　diū　piǎo　　(2) jiù　niú　xiù

(3) chuāi　zhuāi　zuǐ　　(4) cuì　suí　shuí

声調記号の位置：優先順位で並べると次のようになる。

$$a \quad > \quad \begin{matrix}e\\o\end{matrix} \quad > \quad \begin{matrix}i\\u\end{matrix}$$

母音が1つしかなければ、迷わずその上につける。
母音が2つ以上ある場合は、以下のようになる。
①aがあればa、②aがなければeかo、③a、e、oがなく、iuならばu、uiならばiの上に声調記号をつける。

第 4 課　鼻母音

1　-n で終わる鼻母音：舌先を前歯の裏に押しつけて発音する

例　　　　　a　　　　　　　　　　　n

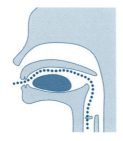 

	an	in	en	ian	uan	uen	üan	ün
子音無し		(yin)		(yan)	(wan)	(wen)	(yuan)	(yun)
子音有り						(-un)		

ドリル1　次の音を発音してみましょう。

(1) ān　yín　yǎn　èn　　(2) àn　yǐn　yán　ēn
(3) wān　wén　yuǎn　yùn　　(4) yūn　yuán　wěn　wàn

ドリル2　発音された音に〇をしましょう。

(1) tán　tuán　duǎn　　(2) jīn　jūn　qián
(3) rùn　zhǔn　juàn　　(4) fěn　hěn　hūn

2 -ng で終わる鼻母音：舌の喉に近い表面を上あごにつけて発音する

例　　　　　a　　　　　　　　　　　　ng

	ang	ing	eng	iang	uang	ueng	ong	iong
子音無し		(ying)		(yang)	(wang)	(weng)		(yong)

ドリル1 次の音を発音してみましょう。

(1) áng　yìng　tēng　yǎng　　(2) àng　yǐng　mèng　yāng

(3) wāng　wěng　dòng　yóng　　(4) wǎng　yòng　wēng　nóng

ドリル2 発音された音に○をしましょう。

(1) zhāng　zāng　jiàng　　(2) míng　xíng　níng

(3) lěng　zhěng　réng　　(4) kuàng　cáng　guàng

第5課　発音上のルール

1 軽声（声調記号のないもの）：軽く短く発音する

第1・2・3声 ＋ 軽声　　　　　　第4声 ＋ 軽声

ドリル　次の音を発音してみましょう。

(1) yǐzi　　(2) gēge　　(3) yéye　　(4) bàba

2 第3声の変調

第3声 ＋ 第3声　→　第2声 ＋ 第3声

第3声 ＋ その他の声調　→　半3声 ＋ その他の声調

ドリル　次の音を発音してみましょう。

(1) nǐ hǎo　měiguó　wǎn ān　　(2) kǎoshì　jiějie　hěn hǎo
(3) jiǎnféi　xǐliǎn　yǔsǎn　　(4) lǎojiǔ　lǎobǎn　zhǎngbèi

3 "不"の変調

"不 bù" ＋ 第4声　→　"不 bú" ＋ 第4声　　※他の声調が後にくる時は変化しない。

ドリル　上のルールを踏まえて、正しい表記を選び、発音してみましょう。

(1) bù hǎo　bù qù　bú xíng　　(2) bù duì　bǔ duō　bù shǎo
(3) bū hǎochī　bú chī　bú qù　　(4) bú xuéxí　bù gāo　bù kèqi

4 "一 yī" の変調

"一 yī" + 第 1・2・3 声　→　"一 yì" + 第 1・2・3 声

"一 yī" + 第 4 声　→　"一 yí" + 第 4 声

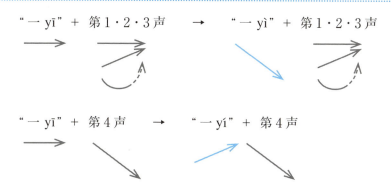

 ドリル　上のルールを踏まえて、正しい表記を選び、発音してみましょう。

(1) yī nián　yìqǐ　yí xiǎoshí　(2) yílù　yí zhī　yī tiáo

(3) yī bēi　yì kuài　yí jiàn　(4) yǐ jiā　yì tiān　yí píng

5 "儿(アール)"化音

標準中国語には単語の末尾に"r"をつけるものもある。この際、発音が変化するものもあるため、注意が必要である。

① r の前が a や e のとき→a や e を発音した後、舌を反らす

花　→　花儿　　　　歌　→　歌儿
huā　　　huār　　　gē　　　gēr

② r の前が i や n、ng のとき→i や n、ng を発音せず、舌を反らす

小孩　→　小孩儿　　　一点　→　一点儿　　　电影 →　电影儿
xiǎohái　　xiǎoháir　　　yìdiǎn　　yìdiǎnr　　　diànyǐng　diànyǐngr

ドリル　次の語を発音してみましょう。

(1) 好玩儿 hǎowánr　　(2) 有空儿 yǒu kòngr

17

中国語で数字を数えてみましょう。

一 yī	二 èr	三 sān	四 sì	五 wǔ
六 liù	七 qī	八 bā	九 jiǔ	十 shí
十一 shíyī	二十 èrshí	三十四 sānshisì	一百 yìbǎi	一千 yìqiān

声調の組み合わせ練習

	第一声	第二声	第三声	第四声	軽声
第一声	shūbāo 书包	dāngrán 当然	qiānbǐ 铅笔	yījià 衣架	māma 妈妈
第二声	pángbiān 旁边	xuéxí 学习	yóuyǒng 游泳	qiánhòu 前后	yéye 爷爷
第三声	hǎibiān 海边	bǐhé 笔盒	yǔsǎn 雨伞	zuǒyòu 左右	jiějie 姐姐
第四声	lùshī 律师	fàntuán 饭团	diànnǎo 电脑	shìjiè 世界	bàba 爸爸

教室用語

老师 好！
Lǎoshī hǎo！
（先生、こんにちは。）

大家 好！
Dàjiā hǎo！
（皆さん、こんにちは。）

同学们 再见！
Tóngxuémen zàijiàn！
（皆さん、さようなら。）

老师 再见！
Lǎoshī zàijiàn！
（先生、さようなら。）

请 看 第 十三 页。
Qǐng kàn dì shísān yè.
（13ページをご覧下さい。）

请 跟 我 念 生词。
Qǐng gēn wǒ niàn shēngcí.
（私に続いて新出単語を読んでください。）

请 跟 我 念 课文。
Qǐng gēn wǒ niàn kèwén.
（私に続いて本文を読んでください。）

日常用語

生日 快乐！　（誕生日、おめでとうございます。）
Shēngrì kuàilè!

圣诞节 快乐！　（メリー・クリスマス！）
Shèngdànjié kuàilè!

一路 顺风！　（旅のご無事をお祈りします。）
Yílù shùnfēng!

还 可以。　（まあまあです。）
Hái kěyǐ.

谢谢！　（ありがとうございます。）
Xièxie!

不 用 谢。　（どういたしまして。）
Bú yòng xiè.

对不起。　（申し訳ありません。）
Duìbuqǐ.

没 关系。　（大丈夫です。）
Méi guānxi.

第6課　自己紹介

1 人称代詞

	単数			複数		
第1人称	我	wǒ	私	我们 咱们	wǒmen zánmen	私たち
第2人称	你 您	nǐ nín	あなた 敬語	你们	nǐmen	あなたたち
第3人称	他 她	tā	彼 彼女	他们 她们	tāmen	彼ら 彼女ら

※ "咱们 zánmen"は、聞き手を含めて「私たち」と言いたいときに用いられる。

ドリル 次の日本語にあたる中国語とピンインを書きましょう。

(1) 私　＿＿＿＿＿　＿＿＿＿＿　　(2) 彼ら　＿＿＿＿＿　＿＿＿＿＿

(3) 彼　＿＿＿＿＿　＿＿＿＿＿　　(4) あなた　＿＿＿＿＿　＿＿＿＿＿

2 判断を表す表現──判断文

私は学生です。　　　　　　　　彼は先生です。
我　是　学生。　　　　　　　　他　是　老师。
Wǒ　shì　xuésheng.　　　　　　Tā　shì　lǎoshī.

> 【肯定】A＋是＋B
> 【否定】A＋不是＋B　　※否定文は"是"の前に"不 bù"を入れる。
> 【疑問】A＋是＋B＋吗?　※疑問文は文末に"吗 ma"を入れる。

【否定】我　不　是　学生。　　　【疑問】他　是　老师　吗?
　　　　Wǒ　bú　shì　xuésheng.　　　　　Tā　shì　lǎoshī　ma?

ドリル 次の文を否定文と疑問文にしましょう。

(1) 我们　是　学生。　　　　(2) 他　是　日本人。
　　Wǒmen　shì　xuésheng.　　　　Tā　shì　Rìběnrén.

3 動作を表す表現——動詞述語文

私はコーラを飲みます。
我 喝 可乐。
Wǒ hē kělè.

彼はパンを食べます。
他 吃 面包。
Tā chī miànbāo.

A ＋動詞＋目的語
動作

【否定】我 不 喝 可乐。
　　　　Wǒ bù hē kělè.

【疑問】你 用 "微信" 吗？
　　　　Nǐ yòng wēixìn ma?
※用：使う、微信：Wechat（中国版 LINE）

● ドリル　次の文を否定文と疑問文にしましょう。

(1) 她们 学习 汉语
　　Tāmen xuéxí Hànyǔ.
　　※学习：勉強する、汉语：中国語

(2) 她 喜欢 日本。
　　Tā xǐhuan Rìběn.
　　※喜欢：好きである

4 名前の言い方

劉と申します。
我 姓 刘。
Wǒ xìng Liú.

劉暢と申します。
我 叫 刘畅。
Wǒ jiào Liú Chàng.

● 名前の尋ね方
お名前は何とおっしゃいますか。

名字：您（你）贵姓？
　　　Nín (nǐ) guìxìng?
　　　※贵姓：お名前（敬語）

姓名：你 叫 什么 名字？
　　　Nǐ jiào shénme míngzi?
　　　※什么：何、どんな、名字：名前

● ドリル　自分の名前を中国語で言ってみましょう。

(1) 我 姓 _____，叫 _____。
　　Wǒ xìng _____, jiào _____.

21

 1 カッコ内の日本語の意味になるように語句を並べ替えましょう。

(1) 是 / ? / 留学生 / 吗 / 你　（あなたは留学生ですか。）
　　shì　?　liúxuéshēng　ma　nǐ

_____

(2) 老师 / 他 / 。 / 是 / 不　（彼は先生ではありません。）
　　lǎoshī　tā　.　shì　bù

_____

(3) 大学生 / 是 / 。 / 我们　（わたしたちは大学生です。）
　　dàxuéshēng　shì　.　wǒmen

_____

 2 次の日本語を中国語に訳しましょう。

(1) 彼女はパンを食べません。

_____

(2) 彼女は劉暢と言います。

_____

(3) 彼らは中国人です。　（※中国人：中国人 Zhōngguórén）

_____

3 音声を聞いて、中国語とピンインで空欄を埋め、日本語に訳しましょう。

(1) 她（　　）刘。
　　Tā (　　) Liú.

　　訳 _____

(2) 我（　　）老师。
　　Wǒ (　　) lǎoshī.

　　訳 _____

(3) 你们 是 中国人（　　）?
　　Nǐmen shì Zhōngguórén (　　)?

　　訳 _____

4 音声を聞いて、中国語を書き取り、日本語に訳しましょう。数字は文字数を表します。

(1) 5字：_____

　　訳 _____

(2) 6字：_____

　　訳 _____

(3) 6字：_____

　　訳 _____

老师：本田，她 是 中国 留学生。
　　　Běntián, tā shì Zhōngguó liúxuéshēng.

本田：你 好！
　　　Nǐ hǎo!

刘：你 好！你 叫 什么 名字？
　　Nǐ hǎo! Nǐ jiào shénme míngzi?

本田：我 姓 本田，叫 本田 圭。
　　　Wǒ xìng Běntián, jiào Běntián Guī.

刘：我 姓 刘，叫 刘 畅。
　　Wǒ xìng Liú, jiào Liú Chàng.

本田：你 用"微信"吗？
　　　Nǐ yòng "wēixìn" ma?

刘：用，我 叫"草莓2号"。
　　Yòng, wǒ jiào "cǎoméi èr hào".

本田：我 叫"狮子王"。
　　　Wǒ jiào "shīziwáng".

1. 中国 Zhōngguó　中国
2. 刘畅 Liú Chàng　劉暢
3. 本田圭 Běntián Guī　本田圭
4. 好 hǎo　よい
5. 你好 nǐ hǎo　こんにちは
6. 草莓 cǎoméi　いちご
7. 号 hào　番号、号
8. 狮子王 shīziwáng　ライオンキング

实战练习 SHÍZHÀN LIÀNXÍ

1 イラストの人物の名前、国籍、身分を紹介しましょう。

① 本田圭
Běntián Guī

日本人
Rìběnrén

学生
xuésheng

② 张杰伦
Zhāng Jiélún

中国人
Zhōngguórén

老师
lǎoshī

2 隣の人及び先生に名前を聞いて紹介しましょう。

姓名の尋ね方：你 _____？
　　　　　　　　Nǐ

　　　　　　　您 _____？
　　　　　　　　Nín

隣の人の氏名：他／她　姓 _____，叫 _____。
　　　　　　　Tā　　　xìng　　　　　　 jiào

先生の氏名：老师　姓 _____，叫 _____。
　　　　　　Lǎoshī xìng　　　　　　 jiào

3 次の文章を完成させて暗唱しましょう。

你 好！我 姓 _____，叫 _____。我 是 日本人。
Nǐ hǎo!　Wǒ xìng　　　　　　 jiào　　　　　　 . Wǒ shì Rìběnrén.

我 是 学生。
Wǒ shì xuésheng.

25

第7課　星座

1 星座と年齢

	尋ね方	答え方
星座	你 是 什么 星座? Nǐ shì shénme xīngzuò?	我 是 金牛座。　※金牛座：牡牛座 Wǒ shì jīnniúzuò.
年齢	你 今年 多大 了? Nǐ jīnnián duōdà le?	我 今年 19 岁 了。　※岁：〜歳 Wǒ jīnnián shíjiǔ suì le.

※今年：今年、多大：いくつ、了：〜になった（変化）

ドリル1 自分の星座を中国語で何というか調べ、言ってみましょう。

我 是 _____座。
Wǒ shì　　　　zuò.

ドリル2 自分の年齢を言ってみましょう。

我 _____。
Wǒ

2 月日と曜日

	尋ね方	答え方
月日	今天 几 月 几 号?　※今天：今日 Jīntiān jǐ yuè jǐ hào?	今天 六 月 六 号。 Jīntiān liù yuè liù hào.
曜日	今天 星期几? Jīntiān xīngqījǐ?	今天 星期三。 Jīntiān xīngqīsān.

ドリル1 中国語の曜日の言い方を調べ、発表しましょう。

月	星期一　xīngqīyī	金	星期____　xīngqī____
火	星期____　xīngqī____	土	星期____　xīngqī____
水	星期三　xīngqīsān	日	星期____　xīngqī____
木	星期____　xīngqī____		星期____　xīngqī____

ドリル2 昨日と明日の言い方を調べ、ピンインと簡体字で書き、発表しましょう。

	ピンイン	簡体字		ピンイン	簡体字
昨日	_____	_____	明日	_____	_____

3　指示代詞

	近称	遠称	不定称
単数	这　zhè 这个　zhège	那　nà 那个　nàge	哪　nǎ 哪个　nǎge
複数	这些　zhèxiē	那些　nàxiē	哪些　nǎxiē
場所	这儿　zhèr	那儿　nàr	哪儿　nǎr

这 是 可乐。
Zhè shì kělè.

我 吃 那个 面包。
Wǒ chī nàge miànbāo.

ドリル　次のイラストに描かれているものを近称と遠称で言ってみましょう。

近称_____
遠称_____

近称_____
遠称_____

4　連体修飾語 "的"

私の誕生日は5月5日です。
我 的 生日 五 月 五 号。
Wǒ de shēngrì wǔ yuè wǔ hào.

これは本田さんのコーラです。
这 是 本田 的 可乐。
Zhè shì Běntián de kělè.

名詞 + 的 + 名詞

※ただし、次のような場合は、"的"を省略する。

人称代詞（＋的）＋親族名称
我 妈妈
wǒ　de　māma
※妈妈：お母さん

人称代詞（＋的）＋所属
他们 学校
tāmen　de　xuéxiào
※学校：学校

ドリル　次の日本語を中国語に訳してみましょう。

彼のパン _____
私の星座 _____
あなた方のお母さん _____
私たちの学校 _____

【更なるステップ】次のように、被修飾語が省略されたり、動作で名詞を修飾したりするときもある。
　修飾語＋的（＋名詞）　　動詞＋目的語＋的＋名詞（共に第13課参照）
　主語＋動詞＋的＋名詞（第11課）

 1 カッコ内の日本語の意味になるように語句を並べ替えましょう。

(1) 是 / 什么 / 你 / ? / 星座　（あなたは何座ですか。）
　　shì　shénme　nǐ　?　xīngzuò

_____

(2) 七 / 月 / 号 / 今天 / 八 / 。（今日は7月8日です。）
　　qī　yuè　hào　jīntiān　bā　.

_____

(3) 了 / 今年 / ? / 多大 / 你　（あなたは今年いくつですか。）
　　le　jīnnián　?　duōdà　nǐ

_____

 2 次の日本語を中国語に訳しましょう。

(1) あなたの誕生日は何月何日ですか。

_____

(2) 明日は日曜日です。

_____

(3) 彼女はこのパンを食べます。

_____

3 音声を聞いて、中国語とピンインで空欄を埋め、日本語に訳しましょう。

(1) 今天（　　　）？
　　Jīntiān (　　　)?

　　訳 _____

(2) 你是（　　　）星座?
　　Nǐ shì (　　　) xīngzuò?

　　訳 _____

(3) 你今年（　　　）了?
　　Nǐ jīnnián (　　　) le?

　　訳 _____

4 音声を聞いて、中国語を書き取り、日本語に訳しましょう。数字は文字数を表します。

(1) 4字：_____

　　訳 _____

(2) 6字：_____

　　訳 _____

(3) 6字：_____

　　訳 _____

29

刘： 本田，你是什么星座?
　　 Běntián, nǐ shì shénme xīngzuò?

本田： 我是金牛座。
　　　 Wǒ shì jīnniúzuò.

刘： 那你的生日是五月吗?
　　 Nà nǐ de shēngrì shì wǔ yuè ma?

本田： 对。我的生日五月五号。
　　　 Duì. Wǒ de shēngrì wǔ yuè wǔ hào.

刘： 是这个星期六啊。
　　 Shì zhège xīngqīliù a.

本田： 没错。
　　　 Méicuò.

刘： 你今年多大了?
　　 Nǐ jīnnián duōdà le?

本田： 我今年十九岁了。
　　　 Wǒ jīnnián shíjiǔ suì le.

1. 那 nà　じゃあ、では
2. 对 duì　そうです
3. 啊 a　語気を和らげる
4. 没错 méicuò　間違いない

实战练习 SHÍZHÀN LIÀNXÍ

1 カレンダーを見て、次の質問に対する答えを発表しましょう。

今天 星期几？
Jīntiān xīngqījǐ?

五月 三 号 星期几？
Wǔ yuè sān hào xīngqījǐ?

明天 几 月 几 号？
Míngtiān jǐ yuè jǐ hào?

你 的 生日 几 月 几 号？
Nǐ de shēngrì jǐ yuè jǐ hào?

5月						2016年
Sun	Mon	Tue	Wed	Thu	Fri	Sat
1	2	3	4	5	6	7
8	9	10	11	12	13	14
15	16	17	18	19	20	21
22	23	24	25	26	27	28
29	30	31				

2 隣の人には星座、先生には誕生日を尋ねて、答えを書き留め、発表しましょう。

星座の尋ね方：你 是 _____？
　　　　　　　　Nǐ shì

誕生日の尋ね方：老师 的 生日 _____？
　　　　　　　　Lǎoshī de shēngrì

隣の人の星座：他 / 她 是 _____。
　　　　　　　Tā　shì

先生の誕生日：老师 的 生日 _____。
　　　　　　　Lǎoshī de shēngrì

3 次の文章を完成させて暗唱しましょう。

我 的 生日 _____。我 是 _____ 座。我 今年 ____ 岁。
Wǒ de shēngrì.　　　　Wǒ shì　　　zuò.　Wǒ jīnnián　suì.

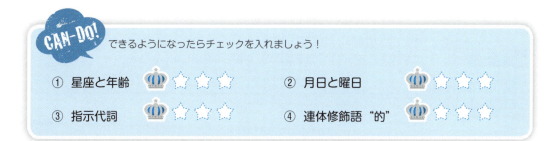

第8課　家族構成

1 所有、存在を表す表現──動詞"有"

そこには学校があります。　　　　　　　　私はパンを持っています。
那儿 有 学校。　　　　　　　　　　　　**我 有 面包。**
　Nàr　yǒu　xuéxiào.　　　　　　　　　　Wǒ yǒu miànbāo.

> 【肯定】場所／所有者＋**有**＋モノ・人
> 【否定】場所／所有者＋**没有**＋モノ・人　※否定するには"有"の前に"**没 méi**"を入れる。

【否定】**这儿 没有 洗手间。**　　　　　【疑問】**你 有 电脑 吗?**
　　　　Zhèr méiyǒu xǐshǒujiān.　　　　　　　　Nǐ yǒu diànnǎo ma?
　　　　　　※洗手间：トイレ　　　　　　　　　　　　　※电脑：パソコン

🐱 ドリル　自分の手元に何があるか中国語で言ってみましょう。

ここには〜がある：_____。

2 モノを数えたり指示したりする際の表現──量詞

一 个 面包	两 杯 可乐	三 张 桌子	四 口 人	五 件 衣服
yí ge miànbāo	liǎng bēi kělè	sān zhāng zhuōzi	sì kǒu rén	wǔ jiàn yīfu
六 条 裤子	七 只 猫	这 台 电脑	那 枝 笔	哪 本 书
liù tiáo kùzi	qī zhī māo	zhè tái diànnǎo	nà zhī bǐ	nǎ běn shū

※モノを数える際の2は、"二 èr"ではなく、"两 liǎng"を使う。

🐱 ドリル　今、自分の机の上にあるペンの数を数えて、中国語で発表しましょう。

我 的 桌子 上 _____。
Wǒ de zhuōzi shang

※〜の上：上 shang

3 家族の人数と構成

	尋ね方	答え方
人数	你家有**几**口人? Nǐ jiā yǒu jǐ kǒu rén?	我家有四口人。 Wǒ jiā yǒu sì kǒu rén.
構成	你家有**什么**人? Nǐ jiā yǒu shénme rén?	我家有爸爸、妈妈和我。 Wǒ jiā yǒu bàba、māma hé wǒ.

※爸爸：父、和：～と

🐱 **ドリル1** 家族の言い方を調べて発表しましょう。

兄	弟	妹	姉

🐱 **ドリル2** 自分の家族の人数と構成を中国語で言ってみましょう。

家族の人数：＿＿＿＿＿＿＿＿＿＿＿＿＿＿＿＿＿＿＿＿＿＿＿＿＿＿＿＿。

家族構成：＿＿＿＿＿＿＿＿＿＿＿＿＿＿＿＿＿＿＿＿＿＿＿＿＿＿＿＿＿。

4 状態や性質を表す表現──形容詞述語文

このパソコンは高い。
这 台 电脑 **很 贵**。
Zhè tái diànnǎo hěn guì.

あなたの携帯電話はよい。
你 的 手机 **很 好**。
Nǐ de shǒujī hěn hǎo.

A＋很＋形容詞 🐾

【否定】那个 **不 便宜**。 ※便宜：安い
Nàge bù piányi.

【疑問】这个 面包 **好吃 吗**? ※好吃：美味しい
Zhège miànbāo hǎochī ma?

🐱 **ドリル** 次の文を否定文と疑問文にしましょう。

(1) 我 哥哥 很 高。 ※高：背が高い
　　Wǒ gēge hěn gāo.

(2) 我 家 的 猫 很 可爱。 ※可爱：可愛い
　　Wǒ jiā de māo hěn kě'ài.

 1 カッコ内の日本語の意味になるように語句を並べ替えましょう。

(1) 洗手间 / 这儿 / 没有 / 。　　（ここにはトイレがありません。）
　　xǐshǒujiān　zhèr　méiyǒu　.

_____

(2) 台 / 有 / 两 / 电脑 / 。 / 桌子上　（机の上にはパソコンが２台あります。）
　　tái　yǒu　liǎng　diànnǎo　.　zhuōzi shang

_____

(3) 有 / 人 / 你 / 口 / ? / 几 / 家　（あなたの家は何人家族ですか。）
　　yǒu　rén　nǐ　kǒu　?　jǐ　jiā

_____

 2 次の日本語を中国語に訳しましょう。

(1) 彼の家は５人家族です。

_____

(2) 私の家族は、父、母、２人の兄、そして私です。　　※２人：两个

_____

(3) あなたの携帯電話は高いですか。

_____

3 音声を聞いて、中国語とピンインで空欄を埋め、日本語に訳しましょう。

(1) 你（　　）电脑 吗？
　　Nǐ（　　）diànnǎo ma?

　　訳 _____

(2) 我 家 有（　　）人。
　　Wǒ jiā yǒu（　　）rén.

　　訳 _____

(3) 我 的 手机（　　　　）。
　　Wǒ de shǒujī（　　　　）.

　　訳 _____

4 音声を聞いて、中国語を書き取り、日本語に訳しましょう。数字は文字数を表します。

(1) 5字： _____

　　訳 _____

(2) 6字： _____

　　訳 _____

(3) 6字： _____

　　訳 _____

本田：你 家 有 几 口 人？
　　　Nǐ jiā yǒu jǐ kǒu rén?

刘：三 口，爸爸、妈妈 和 我。你 呢？
　　Sān kǒu, bàba、māma hé wǒ. Nǐ ne?

本田：我 家 也 有 三 口 人。
　　　Wǒ jiā yě yǒu sān kǒu rén.

刘：你 妈妈 工作 吗？
　　Nǐ māma gōngzuò ma?

本田：不 工作，她 是 全职 太太。
　　　Bù gōngzuò, tā shì quánzhí tàitai.

刘：我 爸爸、妈妈 都 工作。
　　Wǒ bàba、māma dōu gōngzuò.

本田：你 爸爸、妈妈 做 什么 工作？
　　　Nǐ bàba、māma zuò shénme gōngzuò?

刘：他们 都 是 工薪族，都 很 忙。
　　Tāmen dōu shì gōngxīnzú, dōu hěn máng.

1. 呢 ne 〜は？
2. 也 yě 〜も
3. 工作 gōngzuò 働く、仕事
4. 全职太太 quánzhí tàitai 専業主婦
5. 都 dōu 全て、みな
6. 做 zuò 〜をする
7. 工薪族 gōngxīnzú サラリーマン
8. 忙 máng 忙しい

实战练习

1 次のイラストを形容詞を使って中国語で表現してみましょう。

①  ②  ③

2 隣の人及び先生に家族構成を聞いて紹介しましょう。

家族構成の尋ね方：你家_____？ / 你家_____？
　　　　　　　　　Nǐ jiā

　　　　　　　　　您家_____？ / 您家_____？
　　　　　　　　　Nín jiā

隣の人の家族構成：他 / 她家_____。_____。
　　　　　　　　　Tā　　jiā

先生の家族構成：　老师 家_____。_____。
　　　　　　　　　Lǎoshī jiā

3 次の文章を完成させて暗唱しましょう。

我 家 有 ____ 口 人。_____ 和 我。我 家 还 有 一 只 猫。
Wǒ jiā yǒu　　kǒu rén.　　　　　　　　　hé wǒ. Wǒ jiā hái yǒu yì zhī māo.

※还：他に

CAN-DO! できるようになったらチェックを入れましょう！

① 所有や存在を表す表現　　② モノを数える際の表現
③ 家族の人数と構成　　　　④ 状態や性質を表す表現

第9課　通学

1 所在を表す表現――動詞"在"

あなたの携帯電話は机の上にあります。
你 的 手机 在 桌子 上。
Nǐ de shǒujī zài zhuōzi shang.

> モノ・人＋在＋場所

【否定】老师 不 在 教室 里。
　　　 Lǎoshī bú zài jiàoshì li.
　　　　　　※教室：教室、里：中

【疑問】洗手间 在 哪儿？
　　　 Xǐshǒujiān zài nǎr?

ドリル 自分の携帯電話が今どこにあるのか、中国語で言ってみましょう。

私の携帯電話は〜にあります：＿＿＿＿＿＿＿＿＿＿＿＿＿＿＿＿＿。

2 二点間の距離を表す表現――介詞"离"

郵便局は私の家から近い。
邮局 离 我 家 很 近。
Yóujú lí wǒ jiā hěn jìn.

> A点＋离＋B点＋隔たり（形容詞等）

【否定】车站 离 学校 不 远。
　　　 Chēzhàn lí xuéxiào bù yuǎn.
　　　　　　※车站：駅、远：遠い

【疑問】你 家 离 学校 有 多远？
　　　 Nǐ jiā lí xuéxiào yǒu duōyuǎn?
　　　　　　※多远：どれくらい遠い

ドリル 自分の家と最寄り駅、学校との位置関係を中国語で言ってみましょう。

自分の家と最寄り駅：＿＿＿＿＿＿＿＿＿＿＿＿＿＿＿＿＿。

自分の家と学校：＿＿＿＿＿＿＿＿＿＿＿＿＿＿＿＿＿。

3　1つの文で2つ以上の動作を表す文——連動文

彼は自転車で学校に来ます。
他 骑 自行车 来 学校。
Tā qí zìxíngchē lái xuéxiào.

私たちは家に帰ってご飯を食べます。
我们 回 家 吃 饭。
Wǒmen huí jiā chī fàn.

> 主語+**動作1**+**動作2**
> ①否定表現は動作1の前に置く。
> ②動作1が手段を表す場合と動作2が目的を表す場合がある。

【否定】她 不 坐 地铁 来 这儿。
Tā bú zuò dìtiě lái zhèr.
※坐地铁：地下鉄に乗る

【疑問】你 怎么 来 学校？
Nǐ zěnme lái xuéxiào?
※怎么：どうやって

ドリル　自分がいつもどうやって学校に来ているのか、中国語で言ってみましょう。

我 每天 ＿＿＿＿＿＿＿＿＿＿＿＿＿＿＿＿＿ 来 学校。　※每天：毎日
Wǒ měitiān　　　　　　　　　　　　　　lái xuéxiào.

4　疑問を表す語彙——疑問詞

> 中国語の疑問を表す語彙は、答えを表す部分と同じ箇所に置かれる。

这 是 面包。
Zhè shì miànbāo.

这 是 什么？
Zhè shì shénme?

那个 是 我 的。
Nàge shì wǒ de.

哪个 是 你 的？
Nǎge shì nǐ de?

ドリル　学んだ疑問詞を入れて、表を完成させ、疑問詞を覚えましょう。

何	いつ	どこ	誰	どれ	どうやって
	什么时候 shénme shíhou		谁 shéi		

 1 カッコ内の日本語の意味になるように語句を並べ替えましょう。

(1) 在 / 的 / 你 / 桌子上 / 。 / 手机　（あなたの携帯電話は机の上にあります。）
　　zài　de　nǐ　zhuōzi shang .　shǒujī

_____

(2) 不远 / 家 / 学校 / 我 / 。 / 离　（私の家は学校から遠くありません。）
　　bù yuǎn　jiā　xuéxiào　wǒ　.　lí

_____

(3) 地铁 / 每天 / 来 / 坐 / 学校 / 他 / 。（彼は毎日地下鉄に乗って学校に来ます。）
　　dìtiě　měitiān　lái　zuò　xuéxiào　tā　.

_____

 2 次の日本語を中国語に訳しましょう。

(1) 学校は駅から近いです。

_____

(2) あなたたちの学校はどこにありますか。

_____

(3) 彼は毎日自転車に乗ってここに来ます。

_____

3 音声を聞いて、中国語とピンインで空欄を埋め、日本語に訳しましょう。

(1) 我家（　　　）千叶。　　※千叶：千葉
　　Wǒ jiā (　　　) Qiānyè.

　　訳 _____

(2) 那是（　　　）？
　　Nà shì (　　　)?

　　訳 _____

(3) 我家离学校（　　　）。
　　Wǒ jiā lí xuéxiào (　　　).

　　訳 _____

4 音声を聞いて、中国語を書き取り、日本語に訳しましょう。数字は文字数を表します。

(1) 6字：_____

　　訳 _____

(2) 6字：_____

　　訳 _____

(3) 8字：_____

　　訳 _____

41

刘：你 家 在 哪儿？
　　Nǐ jiā zài nǎr?

本田：我 家 在 千叶。
　　　Wǒ jiā zài Qiānyè.

刘：你 家 离 学校 远 吗？
　　Nǐ jiā lí xuéxiào yuǎn ma?

本田：不 太 远。
　　　Bú tài yuǎn.

刘：你 怎么 来 学校？
　　Nǐ zěnme lái xuéxiào?

本田：我 坐 地铁 来 学校。
　　　Wǒ zuò dìtiě lái xuéxiào.

刘：要 多长 时间？
　　Yào duōcháng shíjiān?

本田：大概 1 个 小时 左右。
　　　Dàgài yí ge xiǎoshí zuǒyòu.

1. 不太 bú tài　あまり〜でない
2. 要 yào　必要とする
3. 多长时间 duōcháng shíjiān　どれくらいの時間
4. 大概 dàgài　大体、約
5. 小时 xiǎoshí　〜時間（時間量）
6. 左右 zuǒyòu　くらい

实战练习

1 次のイラストを 2 つの動詞を使って中国語で表現しましょう。

①  ②

2 隣の人及び先生に通学、通勤手段を聞いて紹介しましょう。

通学手段の尋ね方：你 怎么 _____？
　　　　　　　　　Nǐ zěnme

通勤手段の尋ね方：您 怎么 _____？
　　　　　　　　　Nín zěnme

隣の人の通学手段：他 / 她 _____。
　　　　　　　　　Tā

先生の通学手段：　老师 _____。
　　　　　　　　　Lǎoshī

3 次の文章を完成させて暗唱しましょう。

我 的 学校 _____ 东京。　我 家 _____ 学校 不 远。　我 每天 _____
Wǒ de xuéxiào　　Dōngjīng.　Wǒ jiā　　　xuéxiào bù yuǎn.　Wǒ měitiān

去 学校。　　※东京：東京
qù xuéxiào.

　できるようになったらチェックを入れましょう！

① 所在を表す表現　　　　　② 二点間の距離を表す表現

③ 1 つの文で 2 つ以上の動作を表す文

④ 疑問詞を表す語彙

第10課 アルバイト

1 動作を行う場所を表す表現——介詞"在"

私はカフェでアルバイトをします。
我 在 咖啡厅 打工。
Wǒ zài kāfēitīng dǎgōng.

彼女は学校で中国語を学びます。
她 在 学校 学习 汉语。
Tā zài xuéxiào xuéxí Hànyǔ.

主語＋在＋場所＋動詞＋目的

【否定】**我们 不 在 食堂 吃 饭。**
Wǒmen bú zài shítáng chī fàn.

【疑問】**他 在 美国 学习 英语 吗?**
Tā zài Měiguó xuéxí Yīngyǔ ma?
※美国：アメリカ、英语：英語

ドリル 自分が毎日食事をとる場所を中国語で言ってみましょう。

朝（早上 zǎoshang）：_____。

昼（中午 zhōngwǔ）：_____。

晩（晚上 wǎnshang）：_____。

2 動作が行われる時間量や回数を表す表現——数量補語

私は1時間映画を見ます。
我 看 一 个 小时 电影。
Wǒ kàn yí ge xiǎoshí diànyǐng.

彼は2回テキストを音読します。
他 念 两 次 课文。
Tā niàn liǎng cì kèwén.

主語＋動詞＋時間量／回数＋目的語

【疑問】**你 每天 坐 多长 时间 地铁?**
Nǐ měitiān zuò duōcháng shíjiān dìtiě?

1分間	5日間	2週間	1カ月間	3食
一 分钟	五 天	两 个 星期	一 个 月	三 顿
yì fēnzhōng	wǔ tiān	liǎng ge xīngqī	yí ge yuè	sān dùn

ドリル 日頃自分が行う動作の時間や回数を中国語で言ってみましょう。

我 每天 _____。
Wǒ měitiān

3 比較を表す表現──介詞 "比"

彼は私より背が高いです。
他 比 我 高。
Tā bǐ wǒ gāo.

兄は弟より4歳年上です。
哥哥 比 弟弟 大 四 岁。
Gēge bǐ dìdi dà sì suì.

【肯定】A＋比＋B＋形容詞（＋差）
【否定】A＋没有＋B＋形容詞

【否定】中国菜 没有 日本菜 清淡。
Zhōngguócài méiyou Rìběncài qīngdàn.

※中国菜：中国料理、日本菜：日本料理、清淡：あっさりしている

ドリル 身の回りの物の大きさや値段を比較し、中国語で言ってみましょう。

～は…より一だ：＿＿＿＿＿＿＿＿＿＿＿＿＿＿＿＿＿＿＿＿。

4 時を表す表現の位置──時間詞

私は今日映画を見ます。
我 今天 看 电影。
Wǒ jīntiān kàn diànyǐng.

彼は明日買い物に行きます。
明天 他 去 买 东西。
Míngtiān tā qù mǎi dōngxi.

主語＋時を表す表現＋動詞＋目的語
時を表す表現＋主語＋動詞＋目的語

※動詞より前にあることが肝心！

来年	来月	来週	明日
明年	下个月	下个星期	明天
míngnián	xià ge yuè	xià ge xīngqī	míngtiān
今年	今月	今週	今日
今年	这个月	这个星期	今天
jīnnián	zhège yuè	zhège xīngqī	jīntiān
去年	先月	先週	昨日
去年	上个月	上个星期	昨天
qùnián	shàng ge yuè	shàng ge xīngqī	zuótiān

ドリル 来週、自分が何をするか考え、中国語で言ってみましょう。

＿＿＿＿＿＿＿＿＿＿＿＿＿＿＿＿＿＿＿＿＿＿＿＿＿＿＿＿＿＿。

 1 カッコ内の日本語の意味になるように語句を並べ替えましょう。

(1) 在 / 。 / 学习 / 姐姐 / 汉语 / 咖啡厅 / 我 (姉はカフェで中国語を勉強します。)
　　zài　．　xuéxí　jiějie　Hànyǔ　kāfēitīng　wǒ

_____

(2) 一 / 坐 / 个 / 他 / 地铁 / 小时 / 。 / 每天　(彼は毎日1時間地下鉄に乗ります。)
　　yī　zuò　ge　tā　dìtiě　xiǎoshí　．　měitiān

_____

(3) 我 / 四岁 / 比 / 大 / 我 / 。 / 哥哥　(兄は私より4歳年上です。)
　　wǒ　sì suì　bǐ　dà　wǒ　．　gēge

_____

 2 次の日本語を中国語に訳しましょう。

(1) 彼はいつアメリカに行くのですか。

_____

(2) 彼はどこでアルバイトをしているのですか。

_____

(3) 父はあなたのお父さんより背が高くありません。

_____

3 音声を聞いて、中国語とピンインで空欄を埋め、日本語に訳しましょう。

(1) 你（　　　　）看 电影？
　　 Nǐ （　　　　） kàn diànyǐng?

　　 訳 _____

(2) 我（　　　　）便利店 打工。　　※便利店：コンビニ
　　 Wǒ （　　　　） biànlìdiàn dǎgōng.

　　 訳 _____

(3) 我 姐姐（　　　　）我 大 两 岁。
　　 Wǒ jiějie （　　　　） wǒ dà liǎng suì.

　　 訳 _____

4 音声を聞いて、中国語を書き取り日本語にしましょう。数字は文字数を表します。

(1) 10字： _____

　　 訳 _____

(2) 10字： _____

　　 訳 _____

(3) 10字： _____

　　 訳 _____

47

本田：你 打工 吗?
　　　Nǐ dǎgōng ma?

刘：打。我 在 超市 打工。你 呢?
　　Dǎ. Wǒ zài chāoshì dǎgōng. Nǐ ne?

本田：我 在 咖啡厅 打工。
　　　Wǒ zài kāfēitīng dǎgōng.

刘：你 一个 星期 干 几 天?
　　Nǐ yí ge xīngqī gàn jǐ tiān?

本田：我 一个 星期 干 四 天。
　　　Wǒ yí ge xīngqī gàn sì tiān.

刘：你 一个 小时 多少 钱?
　　Nǐ yí ge xiǎoshí duōshao qián?

本田：一 个 小时 一 千 日元。
　　　Yí ge xiǎoshí yì qiān Rìyuán.

刘：啊，比 我 高 一 百 日元。
　　A, bǐ wǒ gāo yì bǎi Rìyuán.

1. 超市 chāoshì　スーパーマーケット
2. 干 gàn　〜をする
3. 多少钱 duōshao qián　いくらですか。
4. 日元 Rìyuán　日本円
5. 啊 a　え？

实战练习

1 次のイラストを見て、比較表現を作ってみましょう。

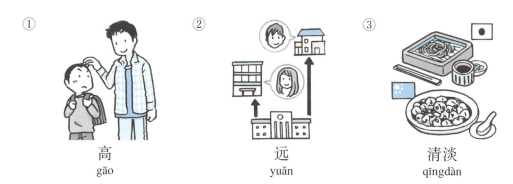

① 高 gāo　　② 远 yuǎn　　③ 清淡 qīngdàn

2 隣の人及び先生に今後（例：今晩、明日、土曜日等）の予定を聞いて紹介しましょう。

予定の尋ね方：你 _____ ?
　　　　　　　Nǐ

　　　　　　　您 _____ ?
　　　　　　　Nín

隣の人の予定：他 / 她 _____ 。
　　　　　　　Tā

先生の予定：　老师 _____ 。
　　　　　　　Lǎoshī

3 次の文章を完成させて暗唱しましょう。

我 在 _____ 打工，一 个 小时 _____ 日元。我 一 个 星期 干 _____ 天。
Wǒ zài　　　　dǎgōng, yí ge xiǎoshí　　　Rìyuán. Wǒ yí ge xīngqī gàn　　　tiān.

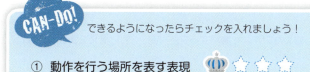

CAN-DO! できるようになったらチェックを入れましょう！

① 動作を行う場所を表す表現

② 動作が行われる時間量や回数を表す表現

③ 比較を表す表現　　　④ 時を表す表現の位置

第11課 ファッション

1 動作の完了を表す表現——動態助詞 "了"

私はスカートを買いました。
我 买 裙子 了。
Wǒ mǎi qúnzi le.

彼は英語の小説を2冊読みました。
他 看了 两 本 英语 小说。
Tā kànle liǎng běn Yīngyǔ xiǎoshuō.

【肯定】主語＋動詞＋目的語＋了
【肯定】主語＋動詞＋了＋限定語＋目的語
【否定】主語＋没有＋動詞＋目的語

【否定】早上 我 没有 吃 饭。
Zǎoshang wǒ méiyou chī fàn.

【疑問】今天 你 说 汉语 了 吗?
Jīntiān nǐ shuō Hànyǔ le ma?

ドリル　昨日自分が何をしたか考え、中国語で言ってみましょう。

我 昨天 ＿＿＿＿＿＿＿＿＿＿＿＿＿＿＿＿＿＿＿＿＿＿＿＿＿＿＿＿＿＿＿。
Wǒ zuótiān

2 動作が行われた場所、時間、手段を強調する表現——"是……的"構文

私は大学で中国語を勉強したのです。
我 是 在 大学 学习 汉语 的。
Wǒ shì zài dàxué xuéxí Hànyǔ de.

私は飛行機で中国に行ったのです。
我 是 坐 飞机 去 中国 的。
Wǒ shì zuò fēijī qù Zhōngguó de.

主語＋是＋場所／時間／手段＋動詞＋目的語＋的
　　　　　強調したい部分　　　実現済みの動作

【否定】他 不 是 坐 地铁 来 的。
Tā bú shì zuò dìtiě lái de.

【疑問】你 是 在 美国 学 的 吗?
Nǐ shì zài Měiguó xué de ma?

ドリル　自分が「いつ中国語を勉強し始めたのか」を強調する文を "是……的" 構文を使って言ってみましょう。(※始める：开始 kāishǐ)

我 ＿＿＿＿＿＿＿＿＿＿＿＿＿＿＿＿＿＿＿＿＿＿＿＿＿＿＿＿＿＿＿＿＿＿＿。
Wǒ

3　動作の進行を表す表現──副詞"在"

彼は歌を歌っています。
他 在 唱 歌儿。
Tā zài chàng gēr.

父は電話をかけています。
我 爸爸 在 打 电话。
Wǒ bàba zài dǎ diànhuà.

> 【肯定】主語＋在＋動詞＋目的語
> 【否定】主語＋没有＋動詞＋目的語

【否定】我 没有 学习。
　　　　Wǒ méiyou xuéxí.

【疑問】你 在 开车 吗?
　　　　Nǐ zài kāichē ma?

※开车：車を運転する

ドリル　動作の進行を表す文を作り、中国語で言ってみましょう。

私は～をしています：＿＿＿＿＿＿＿＿＿＿＿＿＿＿＿＿＿＿＿＿＿＿＿＿。

4　動作が試験的、あるいは短時間で行われることを表す表現──動詞の重ね型

私は中国映画を見てみます。
我 看看 中国 电影。
Wǒ kànkan Zhōngguó diànyǐng.

私は彼が作った料理を味見してみました。
我 尝 了 尝 他 做 的 菜。
Wǒ cháng le cháng tā zuò de cài.

> 主語＋動詞＋動詞＋目的語

【肯定】咱们 休息 休息 吧。
　　　　Zánmen xiūxi xiuxi ba.

【肯定】妈妈 听 了 听 中国 歌儿。
　　　　Māma tīng le tīng Zhōngguó gēr.

※休息：休む、吧：しましょう

ドリル1　最近、自分がしてみたことを思い出し、中国語で言ってみましょう。

私は～をしてみました：＿＿＿＿＿＿＿＿＿＿＿＿＿＿＿＿＿＿＿＿＿＿＿。

ドリル2　友人や先生に試してみて欲しいことを考え、中国語で言ってみましょう。

你／您 ＿＿＿＿＿＿＿＿＿＿＿＿＿＿＿＿＿＿＿＿＿ 吧。
Nǐ／Nín　　　　　　　　　　　　　　　　　　　　　ba.

 1 カッコ内の日本語の意味になるように語句を並べ替えましょう。

(1) 哥哥 / 英语 / 看 / 昨天 / 小说 / 我 / 。/ 了（兄は昨日英語の小説を読みました。）
　　gēge　Yīngyǔ　kàn　zuótiān　xiǎoshuō　wǒ　.　le

_____

(2) 去 / 不 / 坐 / 的 / 是 / 他 / 。/ 飞机（彼は飛行機に乗って行ったのではありません。）
　　qù　bù　zuò　de　shì　tā　.　fēijī

_____

(3) 熊猫 / 去 / 我 / 。/ 看 / 中国 / 看（私は中国へパンダを見に行ってみます。）
　　xióngmāo　qù　wǒ　.　kàn　Zhōngguó　kàn

_____

 2 次の日本語を中国語に訳しましょう。

(1) 先生は授業をしています。　　※授業をする：上课 shàngkè

_____

(2) 彼らは今朝、ご飯を食べていません。

_____

(3) 私たちは今年の4月に中国語を勉強し始めたのです。

_____

52

3 音声を聞いて、中国語とピンインで空欄を埋め、日本語に訳しましょう。

(1) 你（　　　）做 什么?
　　 Nǐ （　　　） zuò shénme?

　　 訳 _____

(2) 我（　　　）中国 歌儿。
　　 Wǒ （　　　） Zhōngguó gēr.

　　 訳 _____

(3) 今天 你（　　　）怎么 来（　　　）?
　　 Jīntiān nǐ （　　　） zěnme lái （　　　）?

　　 訳 _____

4 音声を聞いて、中国語を書き取り日本語にしましょう。数字は文字数を表します。

(1) 7字：_____

　　 訳 _____

(2) 9字：_____

　　 訳 _____

(3) 9字：_____

　　 訳 _____

53

刘： 昨天 我 买 了 一 条 裙子。
　　Zuótiān wǒ mǎile yì tiáo qúnzi.

女同学： 真 可爱。
　　　　Zhēn kě'ài.

刘： 真 的 吗？谢谢！
　　Zhēn de ma? Xièxie!

女同学： 你 是 在 哪儿 买 的？
　　　　Nǐ shì zài nǎr mǎi de?

刘： 是 在 涩谷 买 的。
　　Shì zài Sègǔ mǎi de.

女同学： 贵 吗？
　　　　Guì ma?

刘： 不太 贵。正好 在 打折。
　　Bútài guì. Zhènghǎo zài dǎzhé.

女同学： 那 周末 我 也 去 看看。
　　　　Nà zhōumò wǒ yě qù kànkan.

1. 真 zhēn　本当に
2. 涩谷 Sègǔ　渋谷
3. 正好 zhènghǎo　ちょうど
4. 打折 dǎzhé　割引する
5. 周末 zhōumò　週末

实战练习

1 次のイラストを動詞の重ね型を使って表現しましょう。

① 　② 　③

2 隣の人及び先生に今着ている服はいつ買ったものなのかを聞いて紹介しましょう。

尋ね方：你 的 衣服 _____？
　　　　Nǐ de yīfu

尋ね方：您 的 衣服 _____？
　　　　Nín de yīfu

隣の人：他 / 她 的 衣服 _____。
　　　　Tā　　　de yīfu

先生：　老师 的 衣服 _____。
　　　　Lǎoshī de yīfu

3 次の文章を完成させて暗唱しましょう。

刘 畅　昨天 _____ 一条 裙子，很 可爱。她 _____ 在 涩谷 买 _____。
Liú Chàng zuótiān　　yì tiáo qúnzi, hěn kě'ài. Tā　　　zài Sègǔ mǎi　　　.

 できるようになったらチェックを入れましょう！

① 動作の完了を表す表現　👑 ⭐⭐⭐

② 動作が行われた場所、時間、手段を強調する表現　👑 ⭐⭐⭐

③ 動作の進行を表す表現　👑 ⭐⭐⭐

④ 動作が試験的、あるいは短時間で行われることを表す表現　👑 ⭐⭐⭐

第 12 課 約束

1 時刻

早上七点半	上午十点一刻	中午十二点	下午两点三刻	晚上差五分十点

●時刻の尋ね方と答え方

尋ね方

现在 几 点 了？
Xiànzài jǐ diǎn le?

这 节 课 几 点 开始？
Zhè jié kè jǐ diǎn kāishǐ?

※节：～コマ

答え方

现在 下午 两 点 半 了。
Xiànzài xiàwǔ liǎng diǎn bàn le.

这 节 课 九 点 开始。
Zhè jié kè jiǔ diǎn kāishǐ.

 ドリル あなたは毎朝何時にご飯を食べますか。中国語で言ってみましょう。

2 意志・願望を表す表現――助動詞"要"・"想"

私はコーラを飲みたいです。
我 要 喝 可乐。
Wǒ yào hē kělè.

彼は服を買いに行きたいです。
他 想 去 买 衣服。
Tā xiǎng qù mǎi yīfu.

【意志】主語＋要＋動詞＋目的語　※否定には両方とも"不想"を使う。
【願望】主語＋想＋動詞＋目的語

【否定】我 不想 买 智能 手机。
Wǒ bù xiǎng mǎi zhìnéng shǒujī.

※智能手机：スマートフォン

【疑問】你 想 去 哪儿？
Nǐ xiǎng qù nǎr?

 ドリル 自分が今週の日曜日に何をしたいか考え、中国語で言ってみましょう。

3　経験を表す表現──動態助詞"过"

彼はドイツに行ったことがあります。
他 去**过** 德国。
Tā qùguo Déguó.

兄はバイオリンを習ったことがあります。
我 哥哥 学**过** 小提琴。
Wǒ gēge xuéguo xiǎotíqín.

【肯定】主語＋動詞＋过＋目的語
【否定】主語＋没有＋動詞＋过＋目的語

【否定】我 姐姐 没有 做过 蛋糕。
　　　　Wǒ jiějie méiyou zuòguo dàngāo.
　　　　　　　　　※蛋糕：ケーキ

【疑問】你 听过 二胡 的 演奏 吗?
　　　　Nǐ tīngguo èrhú de yǎnzòu ma?
　　　　　　　　　※二胡：二胡、演奏：演奏

ドリル　自分がこれまでに経験したことを思い出し、中国語で言ってみましょう。

_____。

4　習得を表す表現──助動詞"会"

母はピアノを弾くことができます。
我 妈妈 **会** 弹 钢琴。
Wǒ māma huì tán gāngqín.

私は料理を作ることができます。
我 **会** 做 菜。
Wǒ huì zuò cài.

主語＋会＋動詞＋目的語

【否定】她 不 会 说 汉语。
　　　　Tā bú huì shuō Hànyǔ.
　　　　　　　　※说：話す

【疑問】你 会 做 中国菜 吗?
　　　　Nǐ huì zuò Zhōngguócài ma?

ドリル　自分ができることとできないことを中国語で言ってみましょう。

できること：_____。
できないこと：_____。

57

 1 カッコ内の日本語の意味になるように語句を並べ替えましょう。

(1) 半 / 点 / 现在 / 。/ 下午 / 两　　（今午後2時30分です。）
　　bàn diǎn xiànzài . xiàwǔ liǎng

_____

(2) 我 / 智能 / 买 / 手机 / 想 / 。/ 弟弟　（弟はスマートフォンを買いたいです。）
　　wǒ zhìnéng mǎi shǒujī xiǎng . dìdi

_____

(3) 演奏 / 听 / 他 / 吗 / 你 / ? / 过 / 的　（あなたは彼の演奏を聞いたことがありますか。）
　　yǎnzòu tīng tā ma nǐ ? guo de

_____

 2 次の日本語を中国語に訳しましょう。

(1) 父は中国料理を作ることができます。

_____

(2) 今年私は中国へ勉強しに行きたいです。

_____

(3) あなたはパンダを見たことがありますか。

_____

3 音声を聞いて、中国語とピンインで空欄を埋め、日本語に訳しましょう。

(1) 我（　　）喝（　　）。
　　Wǒ（　　）hē（　　）.

　　訳 _____

(2) 现在（　　）了?
　　Xiànzài（　　）le?

　　訳 _____

(3) 你（　　）说 汉语 吗?
　　Nǐ（　　）shuō Hànyǔ ma?

　　訳 _____

4 音声を聞いて、中国語を書き取り、日本語に訳しましょう。数字は文字数を表します。

(1) 6字：_____

　　訳 _____

(2) 6字：_____

　　訳 _____

(3) 6字：_____

　　訳 _____

59

本田：明天 我 要 去 滑雪，你 去 吗？
Míngtiān wǒ yào qù huáxuě, nǐ qù ma?

刘：我 想 去，可是 我 不 会 滑。
Wǒ xiǎng qù, kěshì wǒ bú huì huá.

本田：你 滑过 吗？
Nǐ huáguo ma?

刘：我 没 滑过。
Wǒ méi huáguo.

本田：没 关系。我 教 你。
Méi guānxi. Wǒ jiāo nǐ.

刘：真 的 吗? 太 好 了！
Zhēn de ma? Tài hǎo le!

本田：那 9 点 半 学校 门口 见。
Nà jiǔ diǎn bàn xuéxiào ménkǒu jiàn.

刘：好！我 非常 期待。
Hǎo! Wǒ fēicháng qīdài.

1. 滑雪 huáxuě　スキーをする
2. 可是 kěshì　しかし、でも
3. 没关系 méi guānxi　大丈夫です
4. 教 jiāo　教える
5. 太……了 tài……le　…すぎる
6. 门口 ménkǒu　出入口
7. 见 jiàn　会う
8. 非常 fēicháng　非常に
9. 期待 qīdài　楽しみにする

实战练习 SHÍZHÀN LIÀNXÍ

1 次の動作を自分が出来るかどうか、中国語で言ってみましょう。

① 　② 　③

2 隣の人及び先生に経験を聞いて紹介しましょう。

尋ね方：你（　　　）过_____吗?
　　　　Nǐ　　　　guo　　　　　　ma?

　　　　您（　　　）过_____吗?
　　　　Nín　　　　guo　　　　　　ma?

隣の人：他 / 她（　　　）过_____。
　　　　Tā　　　　　guo

先生：　老师（　　　）过_____。
　　　　Lǎoshī　　　guo

3 次の文章を完成させて暗唱しましょう。

刘 畅 _____ 做 中国菜，我 不 会。我 _____ 吃 她 做 的 中国菜。
Liú Chàng　　　zuò Zhōngguócài, wǒ bú huì. Wǒ　　　chī tā zuò de Zhōngguócài.

 できるようになったらチェックを入れましょう！

① 時刻　　　　　　☆☆☆☆　　② 意志・願望を表す表現　☆☆☆☆
③ 経験を表す表現　☆☆☆☆　　④ 習得を表す表現　　　　☆☆☆☆

第 13 課　空港

1 条件が整い、ある動作を行うことが可能であることを表す表現──助動詞"能"

私は試験を受けることができます。
我 能 参加 考试。
Wǒ néng cānjiā kǎoshì.

あなたはまだ飛行機に乗ることができます。
你 还 能 坐 飞机。
Nǐ hái néng zuò fēijī.

主語＋能＋動詞＋目的語

【否定】**明天 我 不 能 来 上课。**
　　　　Míngtiān wǒ bù néng lái shàngkè.

【疑問】**能 便宜 一点儿 吗?**
　　　　Néng piányi yìdiǎnr ma?

※一点儿：少し

ドリル 次の日本語を中国語に訳しましょう。

あの教室は 300 人座ることができます。

_____。

2 相手に選択肢を示す疑問文──選択疑問文"还是"

コーヒーを飲むのが好きですか、それとも紅茶を飲むのが好きですか。
你 喜欢 喝 咖啡 还是 红茶?
Nǐ xǐhuan hē kāfēi háishi hóngchá?

A＋还是＋B

【疑問】**你们 的 老师 是 日本人 还是 中国人?**
　　　　Nǐmen de lǎoshī shì Rìběnrén háishi Zhōngguórén?

ドリル 選択疑問文を使って、周囲の友人に何かを尋ね、答えを書き留めましょう。

質問：_____。
答え：_____。

3 空港のチェックインで使われる表現

咨询处	值机台	护照	登机牌	登机口
zīxúnchù	zhíjītái	hùzhào	dēngjīpái	dēngjīkǒu

请问，A 值机台 在 哪儿？　　——在 那儿。　※请问：お尋ねします
Qǐngwèn, A zhíjītái zài nǎr?　　Zài nàr.

请 到 68 号 登机口 登机。　※请：どうぞ～してください、到：行く、登机：搭乗する
Qǐng dào liùshíbā hào dēngjīkǒu dēngjī.

ドリル エコノミークラス、ビジネスクラス、ファーストクラスは中国語で何というか調べて発表しましょう。

エコノミークラス	ビジネスクラス	ファーストクラス

4 機内で使われる表現

安全带	毛毯	枕头	鸡肉套餐	入境卡
ānquándài	máotǎn	zhěntou	jīròu tàocān	rùjìngkǎ

请 您 确认 系好 安全带。　※确认：確認する、系好：しっかり締める
Qǐng nín quèrèn jìhǎo ānquándài.

您 喝 什么？　　　　　　我 要 一 杯 水。　※水：水
Nín hē shénme?　　　　　Wǒ yào yì bēi shuǐ.

请 给 我 一 个 毛毯。　　请 给 我 一 个 枕头。　※给：与える、やる、くれる
Qǐng gěi wǒ yí ge máotǎn.　Qǐng gěi wǒ yí ge zhěntou.

您 要 鱼肉 套餐 还是 鸡肉 套餐？　※鱼肉：魚肉
Nín yào yúròu tàocān háishi jīròu tàocān?

 1 カッコ内の日本語の意味になるように語句を並べ替えましょう。

(1) 来 / 明天 / 上课 / 能 / 吗 / ? / 你 （明日あなたは授業に来られますか。）
　　lái　míngtiān　shàngkè　néng　ma　?　nǐ

_____

(2) 安全带 / 您 / 。 / 系好 / 请　　（シートベルトをしっかりとお締めください。）
　　ānquándài　nín　.　jìhǎo　qǐng

_____

(3) 能 / 我 / 今天 / 吃饭 / 。 / 不　（今日私はご飯を食べられません。）
　　néng　wǒ　jīntiān　chīfàn　.　bù

_____

 2 次の日本語を中国語に訳しましょう。

(1) 何をお飲みになりますか。

_____

(2) 80番搭乗口でご搭乗下さい。

_____

(3) あなたは中国に行きたいですか、それともドイツに行きたいですか。

_____

64

3 音声を聞いて、中国語とピンインで空欄を埋め、日本語に訳しましょう。

(1) 明天 你（　　）来 吗？
　　Míngtiān nǐ（　　）lái ma?

　　訳 _____

(2) 你 喝 咖啡（　　）红茶？
　　Nǐ hē kāfēi（　　）hóngchá?

　　訳 _____

(3) 请（　　）我（　　）。
　　Qǐng（　　）wǒ（　　）.

　　訳 _____

4 音声を聞いて、中国語を書き取り、日本語に訳しましょう。数字は文字数を表します。

(1) 7字：_____

　　訳 _____

(2) 7字：_____

　　訳 _____

(3) 9字：_____

　　訳 _____

本田： 现在 能 办 登机 手续 吗?
　　　Xiànzài néng bàn dēngjī shǒuxù ma?

服务员： 能。请 出示 您 的 护照。
　　　　Néng. Qǐng chūshì nín de hùzhào.

本田： 给。
　　　Gěi.

服务员： 您 有 要 托运 的 行李 吗?
　　　　Nín yǒu yào tuōyùn de xíngli ma?

本田： 有 一 个 行李箱。
　　　Yǒu yí ge xínglixiāng.

服务员： 您 要 靠窗 的 座位 还是 靠 过道 的?
　　　　Nín yào kào chuāng de zuòwèi háishi kào guòdào de?

本田： 我 想要 一 个 靠窗 的。
　　　Wǒ xiǎng yào yí ge kào chuāng de.

服务员： 好 的。您 的 座位 是 16 A。
　　　　Hǎo de. Nín de zuòwèi shì shíliù A.

1. 办 bàn　する、やる、処理する
2. 手续 shǒuxù　手続き
3. 出示 chūshì　示す
4. 托运 tuōyùn　託送する
5. 行李 xíngli　荷物
6. 行李箱 xínglixiāng　スーツケース
7. 靠 kào　近くにある
8. 窗 chuāng　窓
9. 座位 zuòwei　座席
10. 过道 guòdào　通路

实战练习

1 イラストに描かれている人に必要なものをキャビンアテンダントに頼んでみましょう。

2 各自、選択疑問文を作り、隣の人及び先生に聞いて、答えを紹介しましょう。

尋ね方：你 _____ 还是 _____？
　　　　Nǐ　　　　　　háishi

　　　　您 _____ 还是 _____？
　　　　Nín　　　　　　háishi

隣の人：他／她 _____。
　　　　Tā

先生　：老师 _____。
　　　　Lǎoshī

3 次の文章を完成させて暗唱しましょう。

我 _____ 去 中国。我 的 座位 是 靠窗 的 16 H。 我 期待
Wǒ　　　　qù Zhōngguó. Wǒ de zuòwèi shì kàochuāng de shíliù H. Wǒ qīdài

_____ 看到 富士山。　※看到：見える、見かける、富士山：富士山
　　　　kàndào Fùshìshān.

できるようになったらチェックを入れましょう！

① 条件が整い、ある動作を行うことが可能であることを表す表現
② 相手に選択肢を示す表現
③ 空港のチェックインで使われる表現
④ 機内で使われる表現

第14課　銀行

1 動作の行われる時間が短いこと、動作を試験的に行うことを表す表現――"動詞＋一下"

私は中国映画を観てみたい。

我 想 看 一下 中国 电影。
Wǒ xiǎng kàn yíxià Zhōngguó diànyǐng.

動詞＋一下

【参考】第9課で学んだ、「動詞の重ね型」と同様の働きをする要素である。

ドリル　次のイラストを、"動詞＋一下"を使って表現しましょう。

看 kàn

听 tīng

2 動作が完成したり、満足な状態になることを表す表現――結果補語1 "動詞＋好"

私はお腹いっぱいになりました。

我 吃好 了。
Wǒ chīhǎo le.

彼らは準備をし終わりました。

他们 准备好 了。
Tāmen zhǔnbèihǎo le.

主語＋動詞＋好＋目的語　※動作の結果を表す表現であることから、"了"を伴うことが多い。

【否定】我 还 没（有）做好 蛋糕。
Wǒ hái méi(you) zuòhǎo dàngāo.

ドリル　次の日本語を中国語に訳しましょう。

私はまだお腹いっぱいになっていません。

_____。

あなたは搭乗手続きを済ませましたか。

_____。

3 動作、行為の対象を表す表現──介詞"给"

彼は毎日私にケーキを買ってくれます。
他 每天 **给** 我 买 蛋糕。
Tā měitiān gěi wǒ mǎi dàngāo.

私は妹に歌を歌ってあげます。
我 **给** 妹妹 唱 歌。
Wǒ gěi mèimei chàng gē.

主語＋给＋**動作、行為の対象**＋動詞＋目的語

【否定】他 **不 给** 我 做 饭。
　　　　Tā bù gěi wǒ zuò fàn.

ドリル　次のイラストを中国語で表現しましょう。

4 銀行でよく使われる表現

窗口	表格	兑换	汇率	签名
chuāngkǒu	biǎogé	duìhuàn	huìlǜ	qiānmíng

【銀行員】

请 到 10 号 窗口。
Qǐng dào shí hào chuāngkǒu.

您 带 护照 了 吗?　　※带：携帯する、持つ
Nín dài hùzhào le ma?

请 填 一下 这 张 表格。
Qǐng tián yíxià zhè zhāng biǎogé.
　　　　　　　※填：記入する

今天 100 日元 换 5 块 人民币。
Jīntiān yìbǎi Rìyuán huàn wǔ kuài Rénmínbì.
　　　　　　※换：換える、人民币：人民元

请 确认 一下。
Qǐng quèrèn yíxià.

请 签名。
Qǐng qiānmíng.

【お客】

这儿 能 兑换 吗?
Zhèr néng duìhuàn ma?

今天 的 汇率 是 多少?
Jīntiān de huìlǜ shì duōshao?

我 想 用 日元 换 人民币。
Wǒ xiǎng yòng Rìyuán huàn Rénmínbì.

 1 カッコ内の日本語の意味になるように語句を並べ替えましょう。

(1) 看 / 我 / 熊猫 / 。/ 想 / 一下　　（私はパンダを見てみたい。）
　　kàn　wǒ　xióngmāo　.　xiǎng　yíxià

_____

(2) 好 / 还 / 吃 / 本田 / 。/ 没有　（本田くんはまだお腹いっぱいになっていません。）
　　hǎo　hái　chī　Běntián　.　méiyou

_____

(3) 刘畅 / 日本歌儿 / 给 / 唱 / 。/ 他 / 了　（彼は劉暢さんに日本の歌を歌ってあげました。）
　　Liúchàng Rìběn gēr gěi chàng　.　tā　le

_____

 2 次の日本語を中国語に訳しましょう。

(1) パスポートをお持ちですか。

_____

(2) ここは両替することができますか。

_____

(3) 彼女は搭乗手続きを済ませましたか。

_____

3 音声を聞いて、中国語とピンインで空欄を埋め、日本語に訳しましょう。

(1) 请（　　　　　　）。
　　Qǐng（　　　　　　）.

　　訳　_____

(2) 我 想（　　　　　　）。
　　Wǒ xiǎng（　　　　　　）.

　　訳　_____

(3) 我（　　）妹妹 做（　　）。
　　Wǒ（　　）mèimei zuò（　　）.

　　訳　_____

4 音声を聞いて、中国語を書き取り、日本語に訳しましょう。数字は文字数を表します。

(1) 6字：_____

　　訳　_____

(2) 8字：：_____

　　訳　_____

(3) 9字：_____

　　訳　_____

71

本田: 请问，这儿能兑换吗?
Qǐngwèn, zhèr néng duìhuàn ma?

服务员: 能。请先在取号机取号。
Néng. Qǐng xiān zài qǔhàojī qǔ hào.

本田: 谢谢！
Xièxie!

服务员: 六号顾客，请到一号窗口。
Liù hào gùkè, qǐng dào yī hào chuāngkǒu.

本田: 我想用日元换人民币。
Wǒ xiǎng yòng Rìyuán huàn Rénmínbì.

服务员: 好的。请填一下这张表格。
Hǎo de. Qǐng tián yíxià zhè zhāng biǎogé.

本田: 填好了。
Tiánhǎo le.

服务员: 请给我看一下您的护照。
Qǐng gěi wǒ kàn yíxià nín de hùzhào.

1. 先 xiān まず
2. 取号机 qǔhàojī 発券機
3. 取 qǔ 取る
4. 顾客 gùkè お客様

实战练习 SHÍZHÀN LIÀNXÍ

1 イラストを見て、本田さんが銀行員に何を尋ねたいかを考え、代わりに尋ねましょう。

2 ①次の中国語の文を、銀行職員の言葉と客の言葉の2グループに分け、使われると思われる順番どおりに並べ替えなさい。
②①でグループ分け、並べ替えた文を使い、隣の人と両替のロールプレイ練習をしなさい。

a：这儿 能 换钱 吗？
　　Zhèr néng huànqián ma?

b：请 到 10 号 窗口。
　　Qǐng dào shí hào chuāngkǒu.

c：您 带 护照 了 吗？
　　Nín dài hùzhào le ma?

d：请 填 一下 这 张 表格。
　　Qǐng tián yíxià zhè zhāng biǎogé.

e：今天 的 汇率 是 多少？
　　Jīntiān de huìlǜ shì duōshao?

f：我 想 用 日元 换 人民币。
　　Wǒ xiǎng yòng Rìyuán huàn Rénmínbì.

g：今天 100 日元 换 5 块 人民币。
　　Jīntiān yìbǎi Rìyuán huàn wǔ kuài Rénmínbì.

3 次の文章を完成させて暗唱しましょう。

我 去 银行 ＿＿＿＿。我 ＿＿＿＿ 三 万 日元。三 万 日元 ＿＿＿＿ 换 一
Wǒ qù yínháng　　　．Wǒ　　　　sān wàn Rìyuán. Sān wàn Rìyuán　　　huàn yì

千 五 百 元。　　※银行：銀行
qiān wǔ bǎi yuán.

できるようになったらチェックを入れましょう！

① 動作の行われる時間が短いこと、動作を試験的に行うことを表す表現

② 動作が完成したり、満足な状態になることを表す表現

③ 動作、行為の対象を表す表現　　　④ 銀行でよく使われる表現

第15課 ホテル

1 動作が終わることを表す表現――結果補語2 "動詞＋完"

彼はご飯を食べ終わりました。
他 吃完 饭 了。
Tā chīwán fàn le.

父はあの小説を読み終わりました。
我 爸爸 看完了 那 本 小说。
Wǒ bàba kànwánle nà běn xiǎoshuō.

> 主語＋**動詞**＋**完**＋目的語　※動作の結果を表す表現であることから、"了"を伴うことが多い。

【否定】**她 还 没有 唱完 一 首 歌儿。**
　　　　Tā hái méiyou chàngwán yì shǒu gēr.
　　　　　　　　　　　※首：詩や歌を数える量詞

【疑問】**你 说完 了 吗?**
　　　　Nǐ shuōwán le ma?

 ドリル　次の日本語を中国語に訳しましょう。

私はこの映画を見終わりました。
_____。

2 許可を表す表現――助動詞 "可以"

ここは泳いでも良い。
这儿 可以 游泳。
Zhèr kěyǐ yóuyǒng.

あの公園はサッカーをしても良い。
那 个 公园 可以 踢 足球。
Nà ge gōngyuán kěyǐ tī zúqiú.

> 主語＋**可以**＋動詞＋目的語
> ※否定には"不能"が良く使われる。
> ※また疑問文に対する答えとしては、"行 xíng（構いません）"や"不行 bù xíng（ダメです）"も使われる。

【否定】**你 不 能 睡觉。**
　　　　Nǐ bù néng shuìjiào.
　　　　　　※睡觉：寝る

【疑問】**这儿 可以 照相 吗?**
　　　　Zhèr kěyǐ zhàoxiàng ma?
　　　　　　※照相：写真を撮る

 ドリル　次の質問に対する答えを考え、中国語で発表しましょう。

教室 里 可以 睡觉 吗?　　_____
Jiàoshì li kěyǐ shuìjiào ma?

教室 里 可以 喝 茶 吗?　　_____
Jiàoshì li kěyǐ hē chá ma?

教室 里 可以 吃 东西 吗?　　_____
Jiàoshì li kěyǐ chī dōngxi ma?

3 起点を表す表現——介詞 "从"

兄が学校から帰ってきました。
我 哥哥 从 学校 回来 了。
Wǒ gēge cóng xuéxiào huílai le.

私は9時から勉強し始めます。
我 从 九点 开始 学习。
Wǒ cóng jiǔ diǎn kāishǐ xuéxí.

> 主語＋从＋場所／時点＋動詞＋目的語

【否定】**我 姐姐 不从 美国 回来。**
Wǒ jiějie bù cóng Měiguó huílai.

ドリル 次の日本語を中国語に訳しましょう。

兄は中国から帰ってきました。

_____。

4 ホテルでよく使われる表現

客：**浴室 不出 热水。**
Yùshì bù chū rèshuǐ.
※浴室：浴室、出：出る、热水：お湯

客：**房卡 锁在 房间 里 了。**
Fángkǎ suǒ zài fángjiān li le.
※房卡：カードキー、锁：閉じ込める、房间：部屋

客：**卫生纸 没 了。**
Wèishēngzhǐ méi le.
※卫生纸：トイレットペーパー

客：**请 打扫 房间。**
Qǐng dǎsǎo fángjiān.
※打扫：掃除する

 1 カッコ内の日本語の意味になるように語句を並べ替えましょう。

(1) 吃 / 完 / 你 / 了 / ？ / 饭 / 吗　　（あなたはご飯を食べ終わりましたか。）
　　chī　wán　nǐ　le　？　fàn　ma

_____

(2) 学校 / 抽烟 / 能 / 这个 / 不 / 。　　（この学校は煙草を吸ってはいけません。）
　　xuéxiào chōuyān néng zhège bù .　　※抽烟：煙草を吸う

_____

(3) 开始 / 点 / 看 / 从 / 你 / 几 / ？ / 书　　（あなたは何時から本を読むのですか。）
　　kāishǐ diǎn kàn cóng nǐ jǐ ？ shū

_____

 2 次の日本語を中国語に訳しましょう。

(1) ここは写真を撮ってもいいですか。

_____

(2) 彼は中国の小説を 2 冊読み終わりました。

_____

(3) 妹は東京から飛行機でアメリカに行きます。

_____

3 音声を聞いて、中国語とピンインで空欄を埋め、日本語に訳しましょう。

(1) 我（　　　）饭 了。
Wǒ（　　　）fàn le.

訳 _____

(2) 房间 里（　　　　　）。
Fángjiān li（　　　　　）.

訳 _____

(3) 我（　　　）学校（　　　）。
Wǒ（　　　）xuéxiào（　　　）.

訳 _____

4 音声を聞いて、中国語を書き取り、日本語に訳しましょう。数字は文字数を表します。

(1) 7字：_____

訳 _____

(2) 9字：_____

訳 _____

(3) 10字：_____

訳 _____

服务员：您 好！
Nín hǎo!

本田：我 想 办 入住 手续。
Wǒ xiǎng bàn rùzhù shǒuxù.

服务员：请 先 填 一下 入住 登记卡。
Qǐng xiān tián yíxià rùzhù dēngjìkǎ.

本田：填完 了。这 是 我 的 护照。
Tiánwán le. Zhè shì wǒ de hùzhào.

服务员：这 是 您 的 房卡。
Zhè shì nín de fángkǎ.

本田：房间 里 可以 上网 吗？
Fángjiān li kěyǐ shàngwǎng ma?

服务员：可以。早餐 从 七 点 开始。
Kěyǐ. Zǎocān cóng qī diǎn kāishǐ.

本田：知道 了。谢谢。
Zhīdào le. Xièxie.

1. 入住 rùzhù　宿泊する
2. 登记卡 dēngjìkǎ
　 宿泊者カード
3. 上网 shàngwǎng
　 インターネットをする
4. 早餐 zǎocān　朝食
5. 知道 zhīdào　分かる、知る

实战练习

1 イラストのように、本田さんが困っています。代わりにフロントに言ってみましょう。

2 ①次の結果補語に適切な目的語を書きなさい。
　②完成された結果補語フレーズを用いて、隣の人及び先生に聞いて紹介しましょう。

吃完 chīwán _____　　　喝完 hēwán _____

看完 kànwán _____　　　填完 tiánwán _____

尋ね方：你 吃完 / 喝完 / 看完 / 填完 _____ 了 吗?
　　　　Nǐ chīwán/hēwán/kànwán/tiánwán　　　　　　　le ma?

　　　　您 吃完 / 喝完 / 看完 / 填完 _____ 了 吗?
　　　　Nín chīwán/hēwán/kànwán/tiánwán　　　　　　　le ma?

隣の人：他 吃完 / 喝完 / 看完 / 填完 _____ 。
　　　　Tā chīwán/hēwán/kànwán/tiánwán

先生　：老师 吃完 / 喝完 / 看完 / 填完 _____ 。
　　　　Lǎoshī chīwán/hēwán/kànwán/tiánwán

3 次の文章を完成させて暗唱しましょう。

本田 _____ 的 饭店 没有 自动 贩卖机。他 去 咖啡厅 买 _____，房卡
Běntián　　 de fàndiàn méiyǒu zìdòng fànmàijī. Tā qù kāfēitīng mǎi　　 , fángkǎ

锁在 _____ 了。　　※饭店：ホテル、自动贩卖机：自動販売機
suǒzài　　 le.

CAN-DO! できるようになったらチェックを入れましょう！

① 動作が終わることを表す表現　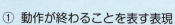

② 許可を表す表現　　　③ 起点を表す表現　

④ ホテルでよく使われる表現　

付録1　各課新出単語一覧

第6課

1.	我	wǒ	私
2.	们	men	～たち
3.	咱们	zánmen	私たち（聞き手を含む）
4.	你	nǐ	あなた
5.	您	nín	あなた（敬語）
6.	他	tā	彼
7.	她	tā	彼女
8.	是	shì	～である
9.	学生	xuésheng	学生
10.	老师	lǎoshī	先生
11.	不	bù	～ではない
12.	日本人	Rìběnrén	日本人
13.	喝	hē	飲む
14.	可乐	kělè	コーラ
15.	吃	chī	食べる
16.	面包	miànbāo	パン
17.	用	yòng	使う
18.	微信	Wēixìn	WeChat（中国版LINE）
19.	学习	xuéxí	勉強する
20.	汉语	Hànyǔ	中国語
21.	喜欢	xǐhuan	好きである
22.	日本	Rìběn	日本
23.	姓	xìng	苗字は～という
24.	叫	jiào	名前は～という
25.	刘畅	Liú Chàng	劉暢（人名）
26.	贵姓	guìxìng	お名前（苗字）
27.	什么	shénme	なに
28.	名字	míngzi	名前
29.	留学生	liúxuéshēng	留学生
30.	大学生	dàxuéshēng	大学生
31.	中国人	Zhōngguórén	中国人
32.	中国	Zhōngguó	中国
33.	本田圭	Běntián Guī	本田圭
34.	好	hǎo	良い
35.	你好	nǐhǎo	こんにちは
36.	狮子王	shīziwáng	ライオンキング
37.	草莓	cǎoméi	いちご
38.	号	hào	番号、～号

第7課

1.	星座	xīngzuò	星座
2.	金牛座	jīnniúzuò	牡牛座
3.	今年	jīnnián	今年
4.	多大	duōdà	いくつ
5.	了	le	～になった（変化）
6.	岁	suì	～歳
7.	摩羯座	mójiézuò	山羊座
8.	水瓶座	shuǐpíngzuò	水瓶座
9.	双鱼座	shuāngyúzuò	魚座
10.	白羊座	báiyángzuò	牡羊座
11.	双子座	shuāngzǐzuò	双子座
12.	巨蟹座	jùxièzuò	蟹座
13.	狮子座	shīzizuò	獅子座
14.	处女座	chùnǚzuò	乙女座
15.	天秤座	tiānchèngzuò	天秤座
16.	天蝎座	tiānxiēzuò	蠍座
17.	射手座	shèshǒuzuò	射手座

18. 今天	jīntiān	今日	
19. 几	jǐ	いくつ	
20. 月	yuè	～月	
21. 号	hào	～日	
22. 星期	xīngqī	週、曜日	
23. 星期三	xīngqīsān	水曜日	
24. 星期一	xīngqīyī	月曜日	
25. 星期二	xīngqī'èr	火曜日	
26. 星期四	xīngqīsì	木曜日	
27. 星期五	xīngqīwǔ	金曜日	
28. 星期六	xīngqīliù	土曜日	
29. 星期日	xīngqīrì	日曜日	
30. 星期天	xīngqītiān		
31. 昨天	zuótiān	昨日	
32. 明天	míngtiān	明日	
33. 这	zhè	これ	
34. 个	ge	～個	
35. 那	nà	あれ、それ	
36. 哪	nǎ	どれ	
37. 些	xiē	～ら	
38. 这儿	zhèr	ここ	
39. 那儿	nàr	そこ、あそこ	
40. 哪儿	nǎr	どこ	
41. 的	de	～の	
42. 生日	shēngrì	誕生日	
43. 妈妈	māma	母	
44. 学校	xuéxiào	学校	
45. 那	nà	じゃあ、では	
46. 对	duì	そうです	
47. 啊	a	語気を和らげる	

48. 没错	méicuò	間違いない	

第8課

1. 有	yǒu	ある、持っている	
2. 没有	méiyǒu	ない	
3. 洗手间	xǐshǒujiān	トイレ	
4. 电脑	diànnǎo	パソコン	
5. 两	liǎng	2（数量を数える場合）	
6. 杯	bēi	～杯	
7. 张	zhāng	～脚、～枚	
8. 桌子	zhuōzi	机	
9. 口	kǒu	～人（家族）	
10. 人	rén	人	
11. 件	jiàn	～着、～件	
12. 衣服	yīfu	服	
13. 条	tiáo	～本、～枚	
14. 裤子	kùzi	ズボン	
15. 只	zhī	～匹	
16. 猫	māo	猫	
17. 台	tái	～台	
18. 枝	zhī	～本	
19. 笔	bǐ	ペン	
20. 本	běn	～冊	
21. 书	shū	本	
22. 上	shang	～の上	
23. 家	jiā	家	
24. 爸爸	bàba	父	
25. 和	hé	～と	
26. 哥哥	gēge	兄	
27. 弟弟	dìdi	弟	

#	中文	ピンイン	日本語
28.	妹妹	mèimei	妹
29.	姐姐	jiějie	姉
30.	贵	guì	高い（値段）
31.	手机	shǒujī	携帯電話
32.	便宜	piányi	安い
33.	好吃	hǎochī	美味しい（食べ物）
34.	高	gāo	高い（高さ）
35.	可爱	kě'ài	可愛い
36.	呢	ne	～は？
37.	也	yě	～も
38.	工作	gōngzuò	働く、仕事
39.	全职太太	quánzhítàitai	専業主婦
40.	都	dōu	全て、みな
41.	做	zuò	～をする、作る
42.	工薪族	gōngxīnzú	サラリーマン
43.	忙	máng	忙しい
44.	还	hái	他に

#	中文	ピンイン	日本語
13.	回	huí	帰る、戻る
14.	饭	fàn	ご飯
15.	坐	zuò	乗る、座る
16.	地铁	dìtiě	地下鉄
17.	怎么	zěnme	どうやって
18.	每天	měitiān	毎日
19.	什么时候	shénme shíhou	いつ
20.	谁	shéi	誰
21.	千叶	Qiānyè	千葉
22.	不太	bútài	あまり～でない
23.	要	yào	必要とする、かかる
24.	多长时间	duōcháng shíjiān	どれくらいの時間
25.	大概	dàgài	大体、約
26.	小时	xiǎoshí	～時間（時間量）
27.	左右	zuǒyòu	～くらい
28.	东京	Dōngjīng	東京

第9課

#	中文	ピンイン	日本語
1.	在	zài	ある、いる
2.	教室	jiàoshì	教室
3.	里	li	中
4.	邮局	yóujú	郵便局
5.	离	lí	～から
6.	近	jìn	近い
7.	车站	chēzhàn	駅
8.	远	yuǎn	遠い
9.	多远	duōyuǎn	どれくらい遠い
10.	骑	qí	乗る
11.	自行车	zìxíngchē	自転車
12.	来	lái	来る

第10課

#	中文	ピンイン	日本語
1.	在	zài	～で
2.	咖啡厅	kāfēitīng	カフェ
3.	打工	dǎgōng	アルバイトをする
4.	食堂	shítáng	食堂
5.	美国	Měiguó	アメリカ
6.	英语	Yīngyǔ	英語
7.	早上	zǎoshang	朝
8.	中午	zhōngwǔ	昼
9.	晚上	wǎnshang	夜
10.	看	kàn	見る
11.	电影	diànyǐng	映画
12.	念	niàn	読む

13.	次	cì	～回
14.	课文	kèwén	本文
15.	～分钟	fēnzhōng	～分間
16.	～天	tiān	～日間
17.	～个星期	ge xīngqī	～週間
18.	～个月	ge yuè	～ヶ月
19.	顿	dùn	～回
20.	比	bǐ	～より
21.	大	dà	年上である、大きい
22.	菜	cài	料理
23.	清淡	qīngdàn	あっさりしている
24.	去	qù	行く
25.	买	mǎi	買う
26.	东西	dōngxi	もの
27.	明年	míngnián	来年
28.	下	xià	下、次の
29.	去年	qùnián	去年
30.	上	shàng	上、前の
31.	便利店	biànlìdiàn	コンビニ
32.	超市	chāoshì	スーパーマーケット
33.	干	gàn	～をする
34.	多少钱	duōshao qián	いくらですか
35.	日元	Rìyuán	日本円
36.	啊	a	え

第11課

1.	裙子	qúnzi	スカート
2.	小说	xiǎoshuō	小説
3.	是～的	shì ～ de	～したのである
4.	大学	dàxué	大学
5.	飞机	fēijī	飛行機
6.	开始	kāishǐ	始める
7.	在	zài	～している
8.	唱	chàng	歌う
9.	歌	gē	歌
10.	打	dǎ	（電話を）かける、（球技を）する
11.	电话	diànhuà	電話
12.	开车	kāichē	運転する
13.	尝	cháng	味わう
14.	休息	xiūxi	休む
15.	吧	ba	～しましょう
16.	听	tīng	聞く
17.	熊猫	xióngmāo	パンダ
18.	上课	shàngkè	授業にでる、授業をする
19.	真	zhēn	本当に
20.	涩谷	Sègǔ	渋谷
21.	正好	zhènghǎo	ちょうど
22.	打折	dǎzhé	割引する
23.	周末	zhōumò	週末

第12課

1.	上午	shàngwǔ	午前
2.	点	diǎn	～時
3.	半	bàn	半、30分
4.	一刻	yíkè	15分
5.	下午	xiàwǔ	午後
6.	三刻	sānkè	45分
7.	差	chà	差がある
8.	节	jié	～コマ
9.	要	yào	～したい（意志）

10.	想	xiǎng	～したい（願望）
11.	智能手机	zhìnéng shǒujī	スマートフォン
12.	过	guo	～したことがある
13.	德国	Déguó	ドイツ
14.	小提琴	xiǎotíqín	バイオリン
15.	蛋糕	dàngāo	ケーキ
16.	二胡	èrhú	二胡、胡弓
17.	演奏	yǎnzòu	演奏（する）
18.	会	huì	～することができる（習得）
19.	弹	tán	弾く
20.	钢琴	gāngqín	ピアノ
21.	说	shuō	話す、言う
22.	滑雪	huáxuě	スキーをする
23.	可是	kěshì	しかし、でも
24.	没关系	méi guānxi	大丈夫です、構いません
25.	教	jiāo	教える
26.	太～了	tài ~ le	～すぎる
27.	门口	ménkǒu	出入口
28.	见	jiàn	会う
29.	非常	fēicháng	非常に
30.	期待	qīdài	楽しみにする

第13課

1.	能	néng	～することができる（条件）
2.	参加	cānjiā	参加（する）
3.	考试	kǎoshì	試験
4.	还	hái	まだ
5.	一点儿	yìdiǎnr	少し
6.	咖啡	kāfēi	コーヒー
7.	还是	háishi	～か…
8.	红茶	hóngchá	紅茶
9.	咨询处	zīxúnchù	案内所
10.	值机台	zhíjītái	チェックインカウンター
11.	护照	hùzhào	パスポート
12.	登机牌	dēngjīpái	搭乗券
13.	登机口	dēngjīkǒu	搭乗口
14.	请问	qǐngwèn	お尋ねします、すみません
15.	请	qǐng	どうぞ～して下さい
16.	到	dào	行く
17.	登机	dēngjī	搭乗する
18.	经济舱	jīngjìcāng	エコノミークラス
19.	商务舱	shāngwùcāng	ビジネスクラス
20.	头等舱	tóuděngcāng	ファーストクラス
21.	安全带	ānquándài	シートベルト
22.	毛毯	máotǎn	ブランケット、毛布
23.	枕头	zhěntou	枕
24.	鸡肉	jīròu	鶏肉
25.	套餐	tàocān	定食、セット
26.	入境卡	rùjìngkǎ	入国カード
27.	确认	quèrèn	確認する
28.	系好	jìhǎo	しっかり締める
29.	水	shuǐ	水
30.	给	gěi	与える、やる、くれる
31.	鱼肉	yúròu	魚肉
32.	办	bàn	する、やる、処理する
33.	手续	shǒuxù	手続き
34.	出示	chūshì	示す
35.	托运	tuōyùn	託送する

36.	行李	xíngli	荷物
37.	行李箱	xínglixiāng	スーツケース
38.	靠	kào	近くにある
39.	窗	chuāng	窓
40.	座位	zuòwèi	座席
41.	过道	guòdào	通路
42.	看到	kàndao	見える、見かける
43.	富士山	Fùshìshān	富士山

第14課

1.	一下	yíxià	少し
2.	～好	hǎo	～し終わる（動作の完成、満足）
3.	准备	zhǔnbèi	準備する
4.	给	gěi	～に
5.	窗口	chuāngkǒu	窓口
6.	表格	biǎogé	記入用紙
7.	兑换	duìhuàn	両替する
8.	汇率	huìlǜ	レート
9.	签名	qiānmíng	サインする
10.	带	dài	携帯する
11.	填	tián	記入する
12.	换	huàn	換える
13.	块	kuài	元
14.	人民币	Rénmínbì	人民元
15.	先	xiān	まず
16.	取号机	qǔhàojī	発券機
17.	取	qǔ	取る
18.	顾客	gùkè	お客
19.	银行	yínháng	銀行

第15課

1.	～完	wán	～し終わる（動作の終了）
2.	首	shǒu	詩や歌を数える量詞
3.	可以	kěyǐ	～してよい
4.	游泳	yóuyǒng	泳ぐ
5.	公园	gōngyuán	公園
6.	踢	tī	蹴る、（サッカーを）する
7.	足球	zúqiú	サッカー
8.	睡觉	shuìjiào	寝る
9.	照相	zhàoxiàng	写真を撮る
10.	从	cóng	～から
11.	回来	huílai	戻って来る
12.	浴室	yùshì	バスルーム
13.	出	chū	出る
14.	热水	rèshuǐ	お湯
15.	房卡	fángkǎ	カードキー
16.	锁	suǒ	閉じこめる
17.	房间	fángjiān	部屋
18.	卫生纸	wèishēngzhǐ	トイレットペーパー
19.	打扫	dǎsǎo	掃除する
20.	抽烟	chōuyān	煙草を吸う
21.	入住	rùzhù	宿泊する
22.	登记卡	dēngjìkǎ	宿泊者カード
23.	上网	shàngwǎng	インターネットをする
24.	早餐	zǎocān	朝食
25.	知道	zhīdào	知っている
26.	饭店	fàndiàn	ホテル
27.	自动贩卖机	zìdòng fànmàijī	自動販売機

索引

数字は出てきた課を示す。

A

啊	a	語気を和らげる	7
啊	a	え	10
安全带	ānquándài	シートベルト	13

B

吧	ba	～しましょう	11
爸爸	bàba	父	8
白羊座	báiyángzuò	牡羊座	7
半	bàn	半、30分	12
办	bàn	する、やる、処理する	13
杯	bēi	～杯	8
本	běn	～冊	8
本田圭	Běntián Guī	本田圭	6
笔	bǐ	ペン	8
比	bǐ	～より	10
便利店	biànlìdiàn	コンビニ	10
表格	biǎogé	記入用紙	14
不	bù	～ではない	6
不太	bútài	あまり～でない	9

C

菜	cài	料理	10
参加	cānjiā	参加（する）	13
草莓	cǎoméi	いちご	6
差	chà	差がある	12
尝	cháng	味わう	11
唱	chàng	歌う	11
超市	chāoshì	スーパーマーケット	10
车站	chēzhàn	駅	9
吃	chī	食べる	6
抽烟	chōuyān	煙草を吸う	15
出	chū	出る	15
窗	chuāng	窓	13
窗口	chuāngkǒu	窓口	14
处女座	chùnǚzuò	乙女座	7
出示	chūshì	示す	13
次	cì	～回	10
从	cóng	～から	15

D

大	dà	年上である、大きい	10
打	dǎ	（電話を）かける、（球技を）する	11
打工	dǎgōng	アルバイトをする	10
打扫	dǎsǎo	掃除する	15
打折	dǎzhé	割引する	11
大概	dàgài	大体、約	9
大学	dàxué	大学	11
大学生	dàxuéshēng	大学生	6
带	dài	携帯する	14
蛋糕	dàngāo	ケーキ	12
到	dào	行く	13
的	de	～の	7
德国	Déguó	ドイツ	12
登机	dēngjī	搭乗する	13
登记卡	dēngjìkǎ	宿泊者カード	15
登机口	dēngjīkǒu	搭乗口	13
登机牌	dēngjīpái	搭乗券	13
点	diǎn	～時	12
电话	diànhuà	電話	11
电脑	diànnǎo	パソコン	8
电影	diànyǐng	映画	10
弟弟	dìdi	弟	8
地铁	dìtiě	地下鉄	9
东京	Dōngjīng	東京	9
东西	dōngxi	もの	10
都	dōu	全て、みな	8
对	duì	そうです	7
兑换	duìhuàn	両替する	14
顿	dùn	～回	10
多长时间	duōcháng shíjiān	どれくらいの時間	9
多大	duōdà	いくつ	7
多少钱	duōshao qián	いくらですか	10
多远	duōyuǎn	どれくらい遠い	9

E

| 二胡 | èrhú | 二胡、胡弓 | 12 |

F

饭	fàn	ご飯	9
饭店	fàndiàn	ホテル	15
房间	fángjiān	部屋	15
房卡	fángkǎ	カードキー	15
非常	fēicháng	非常に	12
飞机	fēijī	飛行機	11
～分钟	fēnzhōng	～分間	10
富士山	Fùshìshān	富士山	13

G

干	gàn	～をする	10
钢琴	gāngqín	ピアノ	12
高	gāo	高い（高さ）	8
个	ge	～個	7
～个星期	ge xīngqī	～週間	10
～个月	ge yuè	～ヶ月	10
歌（儿）	gē	歌	11
哥哥	gēge	兄	8
给	gěi	与える、やる、くれる	13
给	gěi	～に	14
工薪族	gōngxīnzú	サラリーマン	8
公园	gōngyuán	公園	15
工作	gōngzuò	働く、仕事	8
顾客	gùkè	お客	14
贵	guì	高い（値段）	8
贵姓	guìxìng	お名前（苗字）	6
过	guo	～したことがある	12
过道	guòdào	通路	13

H

还	hái	他に	8
还	hái	まだ	13
还是	háishi	～か…	13
汉语	Hànyǔ	中国語	6
好	hǎo	良い	6
～好	hǎo	～し終わる（動作の完成、満足）	14
好吃	hǎochī	美味しい（食べ物）	8
号	hào	番号、～号	6
号	hào	～日	7
和	hé	～と	8
喝	hē	飲む	6
红茶	hóngchá	紅茶	13
护照	hùzhào	パスポート	13
滑雪	huáxuě	スキーをする	12
换	huàn	換える	14
回	huí	帰る、戻る	9
回来	huílai	戻って来る	15
会	huì	～することができる（習得）	12
汇率	huìlǜ	レート	14

J

几	jǐ	いくつ	7
系好	jìhǎo	しっかり締める	13
鸡肉	jīròu	鶏肉	13
家	jiā	家	8
件	jiàn	～着、件	8
见	jiàn	会う	12
叫	jiào	名前は～という	6
教	jiāo	教える	12
教室	jiàoshì	教室	9
节	jié	～コマ	12
姐姐	jiějie	姉	8
近	jìn	近い	9
今年	jīnnián	今年	7
金牛座	jīnniúzuò	牡牛座	7
今天	jīntiān	今日	7
经济舱	jīngjìcāng	エコノミークラス	13
巨蟹座	jùxièzuò	蟹座	7

K

咖啡	kāfēi	コーヒー	13
咖啡厅	kāfēitīng	カフェ	10
开车	kāichē	運転する	11
开始	kāishǐ	始める	11

看	kàn	見る	10
看到	kàndao	見える、見かける	13
考试	kǎoshì	試験	13
靠	kào	近くにある	13
可爱	kě'ài	可愛い	8
可乐	kělè	コーラ	6
可是	kěshì	しかし、でも	12
可以	kěyǐ	～してよい	15
课文	kèwén	本文	10
口	kǒu	～人（家族）	8
裤子	kùzi	ズボン	8
块	kuài	元	14

L

来	lái	来る	9
老师	lǎoshī	先生	6
了	le	～になった（変化）	7
里	li	中	9
离	lí	～から	9
两	liǎng	2（数量を数える場合）	8
刘畅	Liú Chàng	劉暢（人名）	6
留学生	liúxuéshēng	留学生	6

M

妈妈	māma	母	7
买	mǎi	買う	10
忙	máng	忙しい	8
猫	māo	猫	8
毛毯	máotǎn	ブランケット、毛布	13
没错	méicuò	間違いない	7
没关系	méi guānxi	大丈夫です、構いません	12
美国	Měiguó	アメリカ	10
每天	měitiān	毎日	9
妹妹	mèimei	妹	8
没有	méiyǒu	ない	8
们	men	～たち	6
门口	ménkǒu	出入口	12
面包	miànbāo	パン	6
明年	míngnián	来年	10
明天	míngtiān	明日	7
名字	míngzi	名前	6
摩羯座	mójiézuò	山羊座	7

N

哪	nǎ	どれ	7
那	nà	あれ、それ	7
那	nà	じゃあ、では	7
哪儿	nǎr	どこ	7
那儿	nàr	そこ、あそこ	7
呢	ne	～は？	8
能	néng	～することができる（条件）	13
你	nǐ	あなた	6
你好	nǐhǎo	こんにちは	6
念	niàn	読む	10
您	nín	あなた（敬語）	6

P

| 便宜 | piányi | 安い | 8 |

Q

期待	qīdài	楽しみにする	12
骑	qí	乗る	9
签名	qiānmíng	サインする、署名する	14
千叶	Qiānyè	千葉	9
清淡	qīngdàn	あっさりしている	10
请	qǐng	どうぞ～して下さい	13
请问	qǐngwèn	お尋ねします、すみません	13
取	qǔ	取る	14
取号机	qǔhàojī	発券機	14
去	qù	行く	10
去年	qùnián	去年	10
全职太太	quánzhítàitai	専業主婦	8
确认	quèrèn	確認する	13
裙子	qúnzi	スカート	11

R

人	rén	人	8
人民币	Rénmínbì	人民元	14
热水	rèshuǐ	お湯	15
日本	Rìběn	日本	6

日本人	Rìběnrén	日本人	6
日元	Rìyuán	日本円	10
入境卡	rùjìngkǎ	入国カード	13
入住	rùzhù	宿泊する	15

S

三刻	sānkè	45分	12
涩谷	Sègǔ	渋谷	11
上	shang	～の上	8
上	shàng	上、前の	10
上课	shàngkè	授業にでる、授業をする	11
上网	shàngwǎng	インターネットをする	15
上午	shàngwǔ	午前	12
商务舱	shāngwùcāng	ビジネスクラス	13
射手座	shèshǒuzuò	射手座	7
谁	shéi	誰	9
什么	shénme	なに	6
什么时候	shénme shíhou	いつ	9
生日	shēngrì	誕生日	7
狮子王	shīziwáng	ライオンキング	6
狮子座	shīzizuò	獅子座	7
是	shì	～である	6
是～的	shì ～ de	～したのである	11
食堂	shítáng	食堂	10
首	shǒu	詩や歌を数える量詞	15
手机	shǒujī	携帯電話	8
手续	shǒuxù	手続き	13
书	shū	本	8
双鱼座	shuāngyúzuò	魚座	7
双子座	shuāngzǐzuò	双子座	7
水	shuǐ	水	13
水瓶座	shuǐpíngzuò	水瓶座	7
睡觉	shuìjiào	寝る	15
说	shuō	話す、言う	12
岁	suì	～歳	7
锁	suǒ	閉じこめる	15

T

他	tā	彼	6
她	tā	彼女	6
台	tái	～台	8
太～了	tài ～ le	～すぎる	12
弹	tán	弾く	12
套餐	tàocān	定食、セット	13
踢	tī	蹴る、（サッカーを）する	15
填	tián	記入する	14
～天	tiān	～日間	10
天秤座	tiānchèngzuò	天秤座	7
天蝎座	tiānxiēzuò	蠍座	7
条	tiáo	～本、～枚	8
听	tīng	聞く	11
头等舱	tóuděngcāng	ファーストクラス	13
托运	tuōyùn	託送する	13

W

～完	wán	～し終わる（動作の終了）	15
晚上	wǎnshang	夜	10
卫生纸	wèishēngzhǐ	トイレットペーパー	15
微信	Wēixìn	WeChat（中国版LINE）	6
我	wǒ	私	6

X

喜欢	xǐhuan	好きである	6
洗手间	xǐshǒujiān	トイレ	8
下	xià	下、次の	10
下午	xiàwǔ	午後	12
先	xiān	まず	14
想	xiǎng	～したい（願望）	12
小时	xiǎoshí	～時間（時間量）	9
小说	xiǎoshuō	小説	11
小提琴	xiǎotíqín	バイオリン	12
些	xiē	～ら	7
星期	xīngqī	週、曜日	7
星期二	xīngqī'èr	火曜日	7
星期六	xīngqīliù	土曜日	7
星期日	xīngqīrì	日曜日	7
星期三	xīngqīsān	水曜日	7
星期四	xīngqīsì	木曜日	7
星期天	xīngqītiān	日曜日	7
星期五	xīngqīwǔ	金曜日	7

星期一	xīngqīyī	月曜日	7
星座	xīngzuò	星座	7
行李	xíngli	荷物	13
行李箱	xínglixiāng	スーツケース	13
姓	xìng	苗字は〜という	6
熊猫	xióngmāo	パンダ	11
休息	xiūxi	休む	11
学生	xuésheng	学生	6
学习	xuéxí	勉強する	6
学校	xuéxiào	学校	7

y

演奏	yǎnzòu	演奏（する）	12
要	yào	必要とする、かかる	9
要	yào	〜したい（意志）	12
也	yě	〜も	8
一点儿	yìdiǎnr	少し	13
衣服	yīfu	服	8
一刻	yíkè	15分	12
一下	yíxià	少し	14
银行	yínháng	銀行	14
英语	Yīngyǔ	英語	10
用	yòng	使う	6
有	yǒu	ある、持っている	8
邮局	yóujú	郵便局	9
游泳	yóuyǒng	泳ぐ	15
鱼肉	yúròu	魚肉	13
浴室	yùshì	バスルーム	15
远	yuǎn	遠い	9
月	yuè	〜月	7

z

在	zài	ある、いる	9
在	zài	〜で	10
在	zài	〜している	11
咱们	zánmen	私たち（聞き手を含む）	6
早餐	zǎocān	朝食	15
早上	zǎoshang	朝	10
怎么	zěnme	どうやって	9
张	zhāng	〜脚、〜枚	8
照相	zhàoxiàng	写真を撮る	15
这	zhè	これ	7
这儿	zhèr	ここ	7
真	zhēn	本当に	11
正好	zhènghǎo	ちょうど	11
枕头	zhěntou	枕	13
只	zhī	〜匹	8
枝	zhī	〜本	8
知道	zhīdào	知っている	15
值机台	zhíjītái	チェックインカウンター	13
智能手机	zhìnéng shǒujī	スマートフォン	12
中国	Zhōngguó	中国	6
中国人	Zhōngguórén	中国人	6
中午	zhōngwǔ	昼	10
周末	zhōumò	週末	11
准备	zhǔnbèi	準備する	14
桌子	zhuōzi	机	8
自动贩卖机	zìdòng fànmàijī	自動販売機	15
自行车	zìxíngchē	自転車	9
咨询处	zīxúnchù	案内所	13
昨天	zuótiān	昨日	7
左右	zuǒyòu	〜くらい	9
做	zuò	〜をする、作る	8
坐	zuò	乗る、座る	9
座位	zuòwèi	座席	13
足球	zúqiú	サッカー	15

補充単語

・動詞類

洗 xǐ 洗う	写 xiě 書く	走 zǒu 歩く	跑 pǎo 走る	住 zhù 住む
安排 ānpái 手配する	讨论 tǎolùn 討論する	吵架 chǎojià 口げんかをする	刷卡 shuākǎ カードで支払う	打的 dǎdī タクシーを拾う
比赛 bǐsài 試合をする	熟悉 shúxi よく知っている	吃惊 chījīng 驚く	通过 tōngguò 通過する	认为 rènwéi 思う
锻炼 duànliàn 鍛える	发烧 fāshāo 熱を出す	辛苦 xīnkǔ 苦労する	放假 fàngjià 休みになる	决定 juédìng 決定する

・形容詞類

热 rè 暑い	冷 lěng 寒い	暖和 nuǎnhuo 暖かい	凉快 liángkuai 涼しい	好喝 hǎohē 美味しい（飲物）
好看 hǎokàn 美しい（視覚）	好听 hǎotīng 美しい（聴覚）	小 xiǎo 小さい	能干 nénggàn 能力がある	有意思 yǒu yìsi 面白い
热闹 rènao にぎやかである	清静 qīngjìng 静かである	轻松 qīngsōng 気楽である	正确 zhèngquè 正しい	仔细 zǐxì 綿密である
许多 xǔduō たくさん	优秀 yōuxiù 優秀である	科学 kēxué 科学的である	合适 héshì ちょうど良い	丰富 fēngfù 豊富である

・電化製品

冰箱 bīngxiāng 冷蔵庫	电视 diànshì テレビ	洗衣机 xǐyījī 洗濯機	微波炉 wēibōlú 電子レンジ	空气净化器 kōngqì jìnghuàqì 空気清浄機
空调 kōngtiáo エアコン	烤箱 kǎoxiāng オーブン	热水壶 rèshuǐhú 電気ケトル	电饭锅 diànfànguō 炊飯器	煤气灶 méiqìzào ガステーブル

・家具

衣柜 yīguì クローゼット	书架 shūjià 本棚	书桌 shūzhuō 机	椅子 yǐzi 椅子	沙发 shāfā ソファー
饭桌 fànzhuō テーブル	电视柜 diànshìguì テレビボード	床 chuáng ベッド	靠垫 kàodiàn クッション	鞋柜 xiéguì 靴箱

・施設

医院 yīyuàn 病院	邮局 yóujú 郵便局	派出所 pàichūsuǒ 派出所	消防局 xiāofángjú 消防署	银行 yínháng 銀行
幼儿园 yòu'éryuán 幼稚園	小学 xiǎoxué 小学校	初中 chūzhōng 中学校	高中 gāozhōng 高校	图书馆 túshūguǎn 図書館

・宿泊関係

酒店 jiǔdiàn ホテル	宾馆 bīnguǎn ホテル	前台 qiántái フロント	单人间 dānrénjiān シングル	标准间 biāozhǔnjiān スタンダードルーム
叫醒服务 jiàoxǐng fúwù モーニングコール	吹风机 chuīfēngjī ドライヤー	浴巾 yùjīn バスタオル	送餐服务 sòngcān fúwù ルームサービス	退房 tuìfáng チェックアウト

・交通関係

地铁 dìtiě 地下鉄	火车 huǒchē 列車	出租车 chūzūchē タクシー	飞机 fēijī 飛行機	公交车 gōngjiāochē バス
车费 chēfèi 運賃	车票 chēpiào 切符	单程票 dānchéngpiào 片道切符	往返票 wǎngfǎnpiào 往復切符	候车室 hòuchēshì 待合室

・衣服

西装 xīzhuāng スーツ	外套 wàitào コート	牛仔裤 niúzǎikù デニムパンツ	连衣裙 liányīqún ワンピース	鞋 xié 靴
皮鞋 píxié 革靴	运动鞋 yùndòngxié 運動靴	毛衣 máoyī セーター	衬衫 chènshān シャツ	皮带 pídài ベルト

・スポーツ

足球 zúqiú サッカー	篮球 lánqiú バスケットボール	网球 wǎngqiú テニス	棒球 bàngqiú 野球	排球 páiqiú バレーボール
瑜珈 yújiā ヨガ	乒乓球 pīngpāngqiú 卓球	羽毛球 yǔmáoqiú バドミントン	滑板滑雪 huábǎn huáxuě スノーボード	游泳 yóuyǒng 水泳

・病気関係

感冒 gǎnmào 風邪をひく	发烧 fāshāo 熱を出す	头疼 tóuténg 頭が痛い	咳嗽 késou 咳が出る	流鼻涕 liú bíti 鼻水が出る
拉肚子 lā dùzi お腹をこわす	不舒服 bùshūfu 気分が悪い	牙疼 yáténg 歯が痛い	过敏 guòmǐn アレルギー	恶心 ěxīn 気持ちが悪い

・パソコン関係

电脑 diànnǎo パソコン	鼠标 shǔbiāo マウス	键盘 jiànpán キーボード	优盘 yōupán USBメモリー	病毒 bìngdú ウィルス
下载 xiàzǎi ダウンロードする	安装 ānzhuāng インストールする	点击 diǎnjī クリック	复制 fùzhì コピー	粘贴 zhāntiē ペースト

・動物名称

狗 gǒu 犬	兔子 tùzi ウサギ	仓鼠 cāngshǔ ハムスター	熊 xióng 熊	老虎 lǎohǔ 虎
猫头鹰 māotóuyīng フクロウ	鹦鹉 yīngwǔ オウム	企鹅 qǐ'é ペンギン	长颈鹿 chángjǐnglù キリン	乌龟 wūguī 亀

・店舗名称

快餐店 kuàicāndiàn ファーストフード店	便利店 biànlìdiàn コンビニ	餐厅 cāntīng レストラン	书店 shūdiàn 書店	洗衣店 xǐyīdiàn クリーニング店
美发厅 měifàtīng 美容院	美容店 měiróngdiàn エステサロン	美甲店 měijiǎdiàn ネイルサロン	购物中心 gòuwù zhōngxīn ショッピングセンター	小卖部 xiǎomàibù 売店

・文房具

铅笔 qiānbǐ 鉛筆	橡皮 xiàngpí 消しゴム	圆珠笔 yuánzhūbǐ ボールペン	修改液 xiūgǎiyè 修正液	笔袋 bǐdài ペンケース
萤光笔 yíngguāngbǐ 蛍光ペン	本子 běnzi ノート	便利贴 biànlìtiē ポストイット	信封 xìnfēng 封筒	钢笔 gāngbǐ 万年筆

・和食

好味烧 hǎowèishāo お好み焼き	生鱼片 shēngyúpiàn 刺身	寿司 shòusī 寿司	章鱼小丸子 zhāngyú xiǎowánzǐ たこ焼き	关东煮 guāndōngzhǔ おでん
荞麦面 qiáomàimiàn そば	乌冬面 wūdōngmiàn うどん	饭团 fàntuán おにぎり	天妇罗 tiānfùluó 天ぷら	日式火锅 rìshì huǒguō すき焼き

・西洋料理

意大利面 yìdàlìmiàn パスタ	烤肉饼 kǎoròubǐng ハンバーグ	比萨饼 bǐsàbǐng ピザ	牛排 niúpái ビーフステーキ	沙拉 shālā サラダ
奶油烤菜 nǎiyóu kǎocài グラタン	蛋包饭 dànbāofàn オムライス	咖喱饭 gālífàn カレーライス	玉米浓汤 yùmǐ nóngtāng コーンポタージュ	三明治 sānmíngzhì サンドイッチ

・中華料理

拉面 lāmiàn ラーメン	饺子 jiǎozi 餃子	蛋炒饭 dànchǎofàn チャーハン	麻婆豆腐 mápó dòufu 麻婆豆腐	青椒肉丝 qīngjiāo ròusī チンジャオロース
回锅肉 huíguōròu 回鍋肉	北京烤鸭 běijīng kǎoyā 北京ダック	涮羊肉 shuàng yángròu 羊のしゃぶしゃぶ	小笼包 xiǎolóngbāo 小籠包	芝麻球 zhīmáqiú 胡麻だんご

・ファーストフード

麦当劳 màidāngláo マクドナルド	肯德基 kěndéjī ケンタッキー	赛百味 sàibǎiwèi サブウェイ	星巴克咖啡 xīngbākè kāfēi スターバックスコーヒー	莫氏汉堡 mòshì hànbǎo モスバーガー
吉士汉堡包 jíshì hànbǎobāo チーズバーガー	炸鸡 zhájī フライドチキン	黑咖啡 hēikāfēi ブラックコーヒー	焦糖玛奇朵 jiāotáng mǎqíduǒ キャラメルマキアート	蛋挞 dàntà エッグタルト

・野菜

黄瓜 huángguā キュウリ	土豆 tǔdòu ジャガイモ	胡萝卜 húluóbo 人参	西红柿 xīhóngshì トマト	豆芽 dòuyá モヤシ
圆白菜 yuánbáicài キャベツ	茄子 qiézi ナス	洋葱 yángcōng 玉ねぎ	菠菜 bōcài ほうれん草	芹菜 qíncài セロリ

・果物

橘子 júzi みかん	苹果 píngguǒ リンゴ	菠萝 bōluó パイナップル	芒果 mángguǒ マンゴー	樱桃 yīngtáo サクランボ
西瓜 xīguā スイカ	猕猴桃 míhóutáo キウイ	橙子 chéngzi オレンジ	西柚 xīyòu グレープフルーツ	榴莲 liúlián ドリアン

・飲み物

红茶 hóngchá 紅茶	绿茶 lǜchá 緑茶	乌龙茶 wūlóngchá ウーロン茶	摩卡 mókǎ モカ	拿铁 nátiě ラテ
卡布奇诺 kǎbùqínuò カプチーノ	可可 kěkě ココア	雪碧 xuěbì スプライト	啤酒 píjiǔ ビール	鸡尾酒 jīwěijiǔ カクテル

・日本の観光スポット

晴空塔 Qíngkōngtǎ スカイツリー	浅草寺 Qiáncǎosì 浅草寺	迪士尼乐园 Díshìní lèyuán ディズニーランド	迪士尼海洋 Díshìní hǎiyáng ディズニーシー	皇居 Huángjū 皇居
东京塔 Dōngjīngtǎ 東京タワー	中华街 Zhōnghuájiē 中華街	箱根温泉 Xiānggēn wēnquán 箱根温泉	上野动物园 Shàngyě dòngwùyuán 上野動物園	金阁寺 Jīngésì 金閣寺

・中国の観光スポット

故宫 Gùgōng 故宮	长城 Chángchéng 万里の長城	东方明珠塔 Dōngfāng míngzhūtǎ 東方明珠タワー	豫园 Yùyuán 豫園	西湖 Xīhú 西湖
九寨沟 Jiǔzhàigōu 九寨溝	兵马俑 Bīngmǎyǒng 兵馬俑	云岗石窟 Yúngǎng shíkū 雲崗石窟	悬空寺 Xuánkōngsì 懸空寺	黄山 Huángshān 黄山

・職業名

警察 jǐngchá 警察	律师 lùshī 弁護士	医生 yīshēng 医者	护士 hùshi 看護師	邮递员 yóudìyuán 郵便配達員
模特儿 mótèr モデル	司机 sījī 運転手	飞行员 fēixíngyuán パイロット	厨师 chúshī コック	美发师 měifàshī 美容師

・テーブルウェア

筷子 kuàizi 箸	筷架 kuàijià 箸置き	勺子 sháozi スプーン	叉子 chāzi フォーク	刀子 dāozi ナイフ
杯子 bēizi コップ	盘子 pánzi お皿	碗 wǎn お椀	餐巾纸 cānjīnzhǐ 紙ナプキン	餐垫 cāndiàn ランチョンマット

・寝具

枕头 zhěntou 枕	枕套 zhěntào 枕カバー	床单 chuángdān シーツ	被子 bèizi 掛け布団	被套 bèitào 掛け布団カバー
毛毯 máotǎn 毛布	床垫 chuángdiàn マットレス	毛巾被 máojīnbèi タオルケット	凉席 liángxí 寝ござ	电热毯 diànrètǎn 電気毛布

・日用品

牙刷 yáshuā 歯ブラシ	牙膏 yágāo 歯磨き粉	洗发水 xǐfàshuǐ シャンプー	护发素 hùfàsù トリートメント	浴液 yùyè ボディーシャンプー
刮胡刀 guāhúdāo 髭剃り	梳子 shūzi 櫛	香皂 xiāngzào 石鹸	洗衣液 xǐyīyè 洗濯洗剤	发蜡 fàlà ワックス

・体の部分

脸 liǎn 顔	眼睛 yǎnjing 目	耳朵 ěrduo 耳	鼻子 bízi 鼻	嘴 zuǐ 口
头发 tóufa 髪の毛	脖子 bózi 首	胳膊 gēbo 腕	肚子 dùzi お腹	脚 jiǎo 足

著　者
　　宮本　大輔（慶應義塾大学）
　　温　　琳（麗澤大学）

表紙デザイン
　　㈱欧友社

イラスト
　　川野　郁代

中国語 Hop・Step・Jump
〜三段方式で学習する初級中国語〜

2016年1月9日　初　版　発　行
2023年2月20日　第7刷 発 行

著　者 ©宮本　大輔
　　　　　温　　琳
発行者　福岡正人
発行所　株式会社　金星堂

〒101-0051　東京都千代田区神田神保町 3-21
Tel. 03-3263-3828　Fax. 03-3263-0716
E-mail：text@kinsei-do.co.jp
URL：http://www.kinsei-do.co.jp

編集担当　川井義大　　　　　　　　　2-00-0700
組版／株式会社欧友社　印刷／興亜産業　製本／松島製本
本書の無断複製・複写は著作権法上での例外を除き禁じられています。本書を代行業者等の第三者に依頼してスキャンやデジタル化することは、たとえ個人や家庭内の利用であっても認められておりません。
乱丁・落丁本はお取り替えいたします。
KINSEIDO, 2016, Printed in Japan
ISBN978-4-7647-0700-9 C1087

中国語音節表

	声母\韻母	介音なし															i[i]	ia	iao	ie
		a	o	e	-i[ʅ]	-i[ɿ]	er	ai	ei	ao	ou	an	en	ang	eng	-ong	i[i]	ia	iao	ie
	ゼロ	a	o	e			er	ai	ei	ao	ou	an	en	ang	eng		yi	ya	yao	ye
唇音	b	ba	bo					bai	bei	bao		ban	ben	bang	beng		bi		biao	bie
	p	pa	po					pai	pei	pao	pou	pan	pen	pang	peng		pi		piao	pie
	m	ma	mo	me				mai	mei	mao	mou	man	men	mang	meng		mi		miao	mie
	f	fa	fo						fei		fou	fan	fen	fang	feng					
舌尖音	d	da		de				dai	dei	dao	dou	dan	den	dang	deng	dong	di		diao	die
	t	ta		te				tai		tao	tou	tan		tang	teng	tong	ti		tiao	tie
	n	na		ne				nai	nei	nao	nou	nan	nen	nang	neng	nong	ni		niao	nie
	l	la		le				lai	lei	lao	lou	lan		lang	leng	long	li	lia	liao	lie
舌根音	g	ga		ge				gai	gei	gao	gou	gan	gen	gang	geng	gong				
	k	ka		ke				kai	kei	kao	kou	kan	ken	kang	keng	kong				
	h	ha		he				hai	hei	hao	hou	han	hen	hang	heng	hong				
舌面音	j																ji	jia	jiao	jie
	q																qi	qia	qiao	qie
	x																xi	xia	xiao	xie
そり舌音	zh	zha		zhe	zhi			zhai	zhei	zhao	zhou	zhan	zhen	zhang	zheng	zhong				
	ch	cha		che	chi			chai		chao	chou	chan	chen	chang	cheng	chong				
	sh	sha		she	shi			shai	shei	shao	shou	shan	shen	shang	sheng					
	r			re	ri					rao	rou	ran	ren	rang	reng	rong				
舌歯音	z	za		ze		zi		zai	zei	zao	zou	zan	zen	zang	zeng	zong				
	c	ca		ce		ci		cai		cao	cou	can	cen	cang	ceng	cong				
	s	sa		se		si		sai		sao	sou	san	sen	sang	seng	song				

介音 i						介音 u									介音 ü			
iou	ian	in	iang	ing	iong	u	ua	uo	uai	uei	uan	uen	uang	ueng	ü	üe	üan	ün
you	yan	yin	yang	ying	yong	wu	wa	wo	wai	wei	wan	wen	wang	weng	yu	yue	yuan	yun
	bian	bin		bing		bu												
	pian	pin		ping		pu												
miu	mian	min		ming		mu												
						fu												
diu	dian			ding		du		duo		dui	duan	dun						
	tian			ting		tu		tuo		tui	tuan	tun						
niu	nian	nin	niang	ning		nu		nuo			nuan				nü	nüe		
liu	lian	lin	liang	ling		lu		luo			luan	lun			lü	lüe		
						gu	gua	guo	guai	gui	guan	gun	guang					
						ku	kua	kuo	kuai	kui	kuan	kun	kuang					
						hu	hua	huo	huai	hui	huan	hun	huang					
jiu	jian	jin	jiang	jing	jiong										ju	jue	juan	jun
qiu	qian	qin	qiang	qing	qiong										qu	que	quan	qun
xiu	xian	xin	xiang	xing	xiong										xu	xue	xuan	xun
						zhu	zhua	zhuo	zhuai	zhui	zhuan	zhun	zhuang					
						chu	chua	chuo	chuai	chui	chuan	chun	chuang					
						shu	shua	shuo	shuai	shui	shuan	shun	shuang					
						ru	rua	ruo		rui	ruan	run						
						zu		zuo		zui	zuan	zun						
						cu		cuo		cui	cuan	cun						
						su		suo		sui	suan	sun